企业高技能人才职业培训系列教材

桥隧工（城轨）

QIAOSUIGONG（CHENGGUI）（五级）

编审委员会

主　　任　张　岚　黄卫来
副 主 任　叶华平　杜晓红
委　　员　顾卫东　葛恒双　孙兴旺　葛　玮　李　晔　刘汉成　李　益
执行委员　李　晔　瞿伟洁　夏　莹　梁晓燕　姚晓荣　林　宏　李　缨
　　　　　王炜民

主　　编　朱　毅
编　　者　陈　君　孙建华　陆向君　卜邦梅
主　　审　朱　妍

中国劳动社会保障出版社

图书在版编目(CIP)数据

桥隧工．城轨：五级/人力资源和社会保障部教材办公室等组织编写．-- 北京：中国劳动社会保障出版社，2017

企业高技能人才职业培训系列教材

ISBN 978-7-5167-3281-6

Ⅰ.①桥…　Ⅱ.①人…　Ⅲ.①铁路桥-职业培训-教材②铁路隧道-职业培训-教材③城市铁路-铁路桥-职业培训-教材④城市铁路-铁路隧道-职业培训-教材　Ⅳ.①U448.13②U459.1

中国版本图书馆 CIP 数据核字(2017)第 290794 号

中国劳动社会保障出版社出版发行

(北京市惠新东街 1 号　邮政编码：100029)

*

三河市华骏印务包装有限公司印刷装订　新华书店经销

787 毫米×1092 毫米　16 开本　8.75 印张　150 千字

2017 年 12 月第 1 版　　2017 年 12 月第 1 次印刷

定价：22.00 元

读者服务部电话：(010) 64929211/84209103/84626437

营销部电话：(010) 84414641

出版社网址：http://www.class.com.cn

内容简介

本教材由人力资源和社会保障部教材办公室、中国就业培训技术指导中心上海分中心、上海市职业技能鉴定中心、上海申通地铁集团有限公司轨道交通培训中心依据桥隧工（城轨）（五级）职业技能鉴定细目组织编写。教材从强化培养操作技能，掌握实用技术的角度出发，较好地体现了当前最新的实用知识与操作技术，对于提高从业人员基本素质，掌握桥隧工（城轨）（五级）的核心知识与技能有直接的帮助和指导作用。

本教材以既注重理论知识的掌握，又突出操作技能的培养，实现了培训教育与职业技能鉴定考核的有效对接，形成一套完整的桥隧工（城轨）培训体系。本教材内容共分为 3 章，主要包括基础知识、桥梁作业、隧道作业。

本教材可作为桥隧工（城轨）（五级）职业技能培训与鉴定考核教材，也可供本职业从业人员培训使用，全国中、高等职业技术院校相关专业师生也可以参考使用。

前言

企业技能人才是我国人才队伍的重要组成部分，是推动经济社会发展的重要力量。加强企业技能人才队伍建设，是增强企业核心竞争力、推动产业转型升级和提升企业创新能力的内在要求，是加快经济发展方式转变、促进产业结构调整的有效手段，是劳动者实现素质就业、稳定就业、体面就业的重要途径，也是深入实施人才强国战略和科教兴国战略、建设人力资源强国的重要内容。

国务院办公厅在《关于加强企业技能人才队伍建设的意见》中指出，当前和今后一个时期，企业技能人才队伍建设的主要任务是：充分发挥企业主体作用，健全企业职工培训制度，完善企业技能人才培养、评价和激励的政策措施，建设技能精湛、素质优良、结构合理的企业技能人才队伍，在企业中初步形成初级、中级、高级技能劳动者队伍梯次发展和比例结构基本合理的格局，使技能人才规模、结构、素质更好地满足产业结构优化升级和企业发展需求。

高技能人才是企业技术工人队伍的核心骨干和优秀代表，在加快产业优化升级、推动技术创新和科技成果转化等方面具有不可替代的重要作用。为促进高技能人才培训、评价、使用、激励等各项工作的开展，上海市人力资源和社会保障局在推进企业高技能人才培训资源优化配置、完善高技能人才考核评价体系等方面做了积极的探索和尝试，积累了丰富而宝贵的经验。企业高技能人才培养的主要目标是三级（高级）、二级（技师）、一级（高级技师）等，考虑到企业高技能人才培养的实际情况，除一部分在岗培养并已达到高技能人才水平外，还有较大一批人员需要从基础技能水平培养起。为此，上海市将企业特有职业的五级（初级）、四级（中级）作为高技能人才培养的基础阶段一并列入企业高技能人才培养评价工作的总体框架内，以此进一步加大企业高技能人才培养工作力度，提高企业高技能人才培养效果，更好地实现高技能人才培养的总体目标。

为配合上海市企业高技能人才培养评价工作的开展，人力资源和社会保障部教材办公室、中国就业培训技术指导中心上海分中心、上海市职业技能鉴定中心联合组织有关行业和企业的专家、技术人员，共同编写了企业高技能人才职业培训系列教材。本教材是系列教材中的一种，由上海申通地铁集团有限公司轨道交通培训中心负责具体编写工作。

企业高技能人才职业培训系列教材聘请上海市相关行业和企业的专家参与教材编审工作，以“能力本位”为指导思想，以先进性、实用性、适用性为编写原则，内容涵盖该职业的职业功能、工作内容的技能要求和专业知识要求，并结合企业生产和技能人才培养的实际需求，充分反映了当前从事职业活动所需要的核心知识与技能。教材可为全国其他省、市、自治区开展企业高技能人才培养工作，以及相关职业培训和鉴定考核提供借鉴或参考。

新教材的编写是一项探索性工作，由于时间紧迫，不足之处在所难免，欢迎各使用单位及个人对教材提出宝贵意见和建议，以便教材修订时补充更正。

企业高技能人才职业培训系列教材编审委员会

目录

第1章　基础知识　PAGE 1

第2章　桥梁作业　PAGE 49

第1章

基础知识

1.1 桥隧基础知识

学习目标

✓ 掌握城市轨道交通的基本概念

✓ 了解测量知识

✓ 掌握城市轨道交通桥梁的组成和分类

✓ 掌握盾构隧道和矩形隧道的基本概念

✓ 了解钢筋混凝土基础知识

知识要求

1.1.1 城市轨道交通概论

1. 城市轨道交通的定义

城市轨道交通是改善城市交通状况最主要的一种方式，它能从根本上解决城市交通的瓶颈问题。城市轨道交通发达与否标志着一个城市的功能水平和经济、科技的实力。城市轨道交通给人民的日常生活和出行带来了便利，其快捷、经济、舒适的优越性越来越受到人们的欢迎和推崇。

广义的城市轨道交通泛指以各种形式的导轨为导向的城市公共客运系统，包括地下铁道（metro，the underground）、轻轨（light rail transit）、单轨（monorail）、有轨电车（tram，tramway）、自动导向交通（automated guided transit）、微型地铁（mini－metro）、胶轮地铁（rubber tyred metro）、索道（aerial tramway）等类型。狭义的城市轨道交通系指在城市中修建的快速、大中运量、用电力牵引、采用钢轮钢轨的城市轨道交通，线路可在地下、地面或高架上敷设，是地铁与轻轨的通俗总称。

城市轨道交通工程设计必须符合一个城市的总体规划、城市轨道交通线网规划和城市轨道交通专业规划，同时，其建设规模、设备容量以及车辆段和停车场等的用地面积，应按预测远期（即建成通车后第 25 年）客流量和线路通过能力来规划。对于可分期建设的工程和配置的装备，应分期扩建和增设。一般来说，一条线的分期实施，首期工程完成并投入运营的线路长度不宜小于 12 km。另外，线路和车站的设计，应采取降低噪声、减少振动和减少对生态环境影响的措施，并应符合国家和地方现行的城市环境保护的有关规定。各系统排放的废气、废液、废渣应符合国家和地方现行的有关排放标准。改革开放以前，我国仅首都北京拥有运营的城市轨道交通——地铁。上海从 20 世纪 90 年代才开始城市轨道交通的建设，第一条线路于 1992 年开通运营。从 20 世纪 90 年代末开始，上海的城市轨道交通进入了大规模高速度的发展时期。到 2020 年，上海城市轨道交通将增加到 19 条线 877 km。

2. 城市轨道交通的运营

地铁设计应根据城市轨道交通规划和预测客流量制定系统的运营概念，包括运营规模、运营模式和管理方式，明确在各种运营状态下，各子系统之间以及系统与人员组织之间的相互关系。地铁运营模式应明确列车运行、调度指挥、运营辅助系统、维修保障系统和人员组织等内容，使系统功能和运营需求紧密结合。地铁的基本运营状态包含正常运营状态、非正常运营状态和紧急运营状态。系统的运营必须在能够保证所有使用该系统的人员和乘客及系统设施安全的情况下实施。

地铁的设计运输能力，应满足预测的远期单向高峰小时最大断面客流量的需要。地铁车辆的数量应按照初期运营需要进行配置，近远期再根据客运量增长的需要增配。

在实际工作中，地铁列车的速度包含 3 个不同的概念，即运行速度、技术速度和旅行速度。运行速度是在列车运行时间中扣除加减速附加时间和在站停车时间后计算所得。技术速度则是在列车运行时间中扣除在站停车时间后计算所得。旅行速度即指列车运送速度，它是列车在区段或线路内运行的平均速度。地铁列车的旅行速度一般不低于 35 km/h。地铁列车的最高运行速度一般不超过 80 km/h。

地铁各设计年限的列车运行间隔，应在分析各设计年限预测客流量、列车编组及列车定员、系统服务水平、系统运输效率等因素后综合确定。为保证地铁的服务水平，宜采用高密度、短编组组织运行，高峰时段初期列车运行间隔不宜大于6 min。

地铁线路必须为全封闭形式，同时列车必须在安全防护系统的监护下运行。一般情况下，列车宜配一名司机驾驶或监控列车运行。

地铁应设运营控制中心，根据城市轨道交通线网的情况，每个中心可控制一条或数条线路。控制中心应有对列车运行、供电等系统运行进行集中监控的能力。地铁车站应设车站控制室，对列车运行和车站设备进行监视控制。

3. 城市轨道交通的线路和轨道

城市轨道交通的线路按其在运营中的作用，可分为正线、辅助线和车场线。正线指载客列车运行的贯通线路。辅助线指为保证正常运行和实现列车合理调度而设置的线路，包括折返线、渡线、联络线、停车线、出入线、安全线等。车场线指场区作业的线路。另外还有试车线，是对车辆进行动态性能试验的线路，其线路标准通常应与正线一致。

地铁线路应为右侧行车的双线线路，并应采用1 435 mm标准轨矩。轨距是指轨面以下规定距离处左右两股钢轨轨头内侧之间的最短距离。采用1 435 mm标准轨距，可以方便与铁路相互配合，更好地利用我国铁路的技术与设备。

在线路的末端一般要设置车挡，车挡分为固定式和滑动式两种，用以防止列车停车滑行时滑出轨道。

路基面或结构面以上的线路部分成为轨道结构，它由钢轨、扣件、轨枕和道床等组成。其中道床一般分为两类：一类是整体道床，指用混凝土等材料灌筑的道床；另一类是碎石道床，指用一定规格的碎石铺设的道床。

由于列车反复地高强度作用，轨道结构经常会出现各类问题，所以轨道结构是工务养护的重点对象之一。

4. 城市轨道交通的主体结构

城市轨道交通的主体结构工程包括地铁车站、隧道区间、高架车站、高架区间和道床路基等。根据国家规定，其设计使用年限要求达到100年，即在一般维护条件下保证工程正常使用的时期为100年。

地铁车站可分为岛式站台和侧式站台两类。岛式站台是指两条轨道线分别铺设于乘客乘降平台两侧的车站站台形式。侧式站台是指供一条轨道线乘客乘降平台的车站站台形式。两类站台都具有进出站的功能。另外也有混合式站台。

隧道区间按施工方法可分为盾构法隧道、矿山法隧道、明挖法、暗挖法及沉管法等，按形状可分为矩形、圆形、双圆形等隧道形式。地铁中的圆形隧道多采用盾构法施工，矩形隧道多采用浅埋暗挖或明挖施工。矩形隧道内轮廓与区间隧道建筑限界接近，内部净空可以得到充分利用。圆形和双圆隧道具有结构受力合理、线路纵向坡度、平面曲线半径变化不会改变断面形状，以及对内净空利用的影响少等特点。

高架区间的桥梁可分为梁式桥、拱桥、刚构桥、缆索体系桥及组合体系桥等。梁式桥作为承重结构主要是以抗弯能力来承受荷载的。拱桥指的是在竖直平面内以拱作为上部结构主要承重构件的桥梁。刚构桥介于梁式桥和拱桥之间，它作为承重结构同时以抗弯和抗压能力来承受荷载。缆索体系桥主要包括斜拉桥和悬索桥，这两种桥型是大跨度桥梁优先考虑的桥型。将各种桥型进行混合，就是组合体系桥。在上海城市轨道交通中，目前采用的有连续刚构和系杆拱桥两类。

5. 城市轨道交通的供电

在地铁列车运行过程中，电能从牵引变电所经馈电线送到接触网，再从接触网通过地铁列车的受电弓送到电动列车，然后经过走行轨道、回流线回到牵引变电所。由接触网、馈电线、轨道和回流线组成的供电网总称为牵引网，接触网是牵引网中最主要的组成部分。接触网沿地铁路线上方架设，通过与电力机车受电弓接触，将电能传送给电力机车。

接触网的悬挂类型主要有柔性悬挂系统和刚性悬挂系统两种。

柔性悬挂系统根据不同的使用场合和性能要求有不同的形式，一般在地面、高架和车辆段采用腕臂与软横跨相结合的悬挂形式，隧道部分采用弹性支架悬挂形式。刚性悬挂系统是指特定的导电体（接触网）受流过程中在受电弓的作用下基本不变形的悬挂类型，一般用于隧道段，主要采用具有相应刚度的汇流排与接触线组成。

牵引变电所通过接触网向电动列车供电。接触网的供电方式有单边供电、双边供电和越区供电。其中单边供电和双边供电是正常的供电方式。

地铁接触网在每个牵引变电所附近断开，分为两个供电分区，每个供电分区成为一个供电臂。若电动列车通过供电臂只从一端的变电所获得电源，称为单边供电。若电动列车通过供电臂同时从相邻两个牵引变电所获得电源，则称为双边供电。单边供电时，若有故障，其范围小，牵引变电所内的保护也较简单，但电动列车所需牵引电流全部由一边流过牵引网，牵引网电压降和电能损耗较大。双边供电时牵引网电压降和电能损耗相对较小，但有故障时范围也较大，保护较复杂。地铁牵引变电所向接触网供电主要方式为双边供电。

正常双边供电时，在牵引站馈线开关内设置双边联跳保护装置，一旦接触网发生短路故障，靠近短路故障点的牵引站触发保护动作，馈线开关迅速跳闸，与此同时联动跳开另一侧牵引站的相应馈线开关，及时切除故障。当某一牵引站故障时，该故障站退出运行，此时该段接触网就改为单边供电。另一种处理方法是通过闭合故障牵引站处接触网的联络隔离闸刀，实施越区供电。在越区供电方式下运行，供电区域扩大，牵引变电站的负荷增大，线路损耗增大，因此视情况要适当减少同时处在该供电区段的电功列车数。越区供电只是在牵引变电站故障情况下运行的一种特殊运行方式。

6. 城市轨道交通的信号

信号系统应满足城市轨道交通行车组织和运营管理的需要，保证列车运行安全、提高行车效率、改善运营人员的工作条件，其工程设计应满足大运量、高密度行车和不同列车编组的运营要求。

信号系统应具有高可靠性和高可用性，所采用的主要设备与器材应符合国家现行有关标准的规定或已通过省部级鉴定；从国外引进的设备必须符合中方认可的国际标准。信号系统中凡涉及行车安全的设备、电路或系统必须工作可靠，并符合“故障导向安全”原则。信号系统必须满足在最大牵引负回流工作环境下的抗干扰能力，并应具有良好的电磁兼容性。

信号系统由联锁设备以及列车自动控制系统（ATC）组成。ATC包含三个子系统：列车自动监控（ATS）子系统、列车自动保护（ATP）子系统和列车自动运行（ATO）子系统。

7. 城市轨道交通的人民防空设计

城市轨道交通应兼顾人民防空，贯彻“平时交通为主，兼顾人民防空需要”的原则，必须统一规划，同步设计。城市轨道交通工程应纳入人民防空防护工程体系。

城市轨道交通兼顾人民防空设计，应达到防护标准及技术要求，在不影响平时使用和增加较少投资的条件下，充分利用平时已有的结构强度，对出入口、通风口等关键部位，参照现行人防工程有关设计规范和标准，增加防护设施和防护措施，包括采用防护功能平战转换技术措施。

城市轨道交通战时应起到保障人员转移和物资运输的安全功能。车站是城市人民防空工程网络的结点，应能作为人员紧急掩蔽部或临时物资库。

兼顾人民防空设计的范围应包括地下车站、地下区间、地下车辆存放库、地下主变电所等相关地下设施。城市轨道交通的防核武器抗力等级应不低于6级。地下车站、地下区间防化等级应不低于丁级，地下车辆存放库、地下主变电所无防化要求。各地下车站和区间宜按同一级别设防。个别车站覆土较厚，在平时荷载作用下，经战时荷载作用验算，已达到更高的抗力等级，结构抗力等级可相应提高一级。

1.1.2 测量基础知识

1. 测量常用度量单位

（1）长度单位。国际单位制中法定的长度计量单位为米（m）制单位：

1 m（米）= 10 dm（分米）= 100 cm（厘米）= 1 000 mm（毫米）

1 hm（百米）= 100 m（米）

1 km（公里或千米）= 1 000 m

在外文测量书籍、参考文献和测量仪器说明书中，还会用到英制的长度计量单位，它与米制长度单位的换算关系如下：

1 in（英寸）= 2.54 cm

1 ft（英尺）= 12 in = 0.304 8 m

1 yd（码）= 3 ft = 0.914 4 m

1 mile（英里）= 1 760 yd = 1.609 3 km

（2）面积单位。国际单位制中法定的面积单位为平方米（m^2），大面积则用公顷（hm^2）或平方公里（km^2）；我国农业土地常用亩为面积单位。其换算关系如下：

1 m^2（平方米）= 100 dm^2 = 10 000 cm^2 = 1 000 000 mm^2

1 亩 = 666.666 7 m^2

1 hm^2（公顷）= 10 000 m^2 = 15 亩

1 km^2（平方公里）= 100 hm^2（公顷）= 1 500 亩

米制与英制的面积单位换算关系如下：

1 in^2（平方英寸）= 6.451 6 cm^2

1 ft^2（平方英尺）= 144 in^2 = 0.092 9 m^2

1 yd^2（平方码）= 9 ft^2 = 0.836 1 m^2

1 acre（英亩）= 4 840 yd^2 = 4 046.856 m^2 = 6.07 亩

1 $mile^2$（平方英里）= 640 acre = 2.59 km^2

（3）体积单位。国际单位制中法定的体积计量单位为立方米（m^3），简称“立方”或“方”。

（4）角度单位。测量工作中常用的角度单位有 60 进制的度分秒（DMS——Degree，Minute，Second）制和弧度（Radian）制。

1 圆周的角度为 360°（度），1° = 60′（分），1′ = 60″（秒）

圆心角的弧度为该角所对弧长与半径之比。

1 圆周的弧度为 2π（弧度）。

（5）质量单位。国际单位制中质量的法定计量单位是千克（kg），或称公斤。

1 kg（千克）=1 000 g（克）

1 t（吨）=1 000 kg

（6）力学单位。力是物体间的互相作用。力有三要素：大小、方向、作用点，任何一个要素的改变都能改变力的作用效果。力的国际单位是牛顿（N），简称“牛”，与其他单位的换算关系如下：

1 kgf（千克力）=9.8 N（牛顿）

1 kN（千牛顿）=102 kgf

重力是物体由于地球的吸引力而收到的力。千克力作为一种现场常用的说法暂时予以保留，但不是规范的说法。

功是物体沿着外力的方向移动的距离；功率是在单位时间内所做的功。功的国际单位是焦耳（J），简称“焦”；功率的国际单位是瓦特（W），简称“瓦”。与其他单位的换算关系如下：

1 000 W（瓦）=1 kW（千瓦）=1.359 6 马力

一个单位面积上所受的压力就是压强。一平方米（m^2）面积上作用一个牛顿（N）就叫一帕斯卡（Pa），简称帕，它是国际标准压强单位。与其他单位的换算关系如下：

1 MPa（兆帕）=1 000 000 Pa（帕）

在材料力学中，当物体受到拉力和压力时，单位面积上所承受的力就是应力。应力和压强是同一个性质，国际单位是帕（Pa），工程上常用兆帕（MPa）。

（7）电学单位。电荷有规则的定向移动就形成了电流。电流的大小定义为在单位时间内通过导体横截面的电量，其国际单位是安培（A），简称“安”。“安”与其他单位的换算关系如下：

1 A（安）=1 000 mA（毫安）=1 000 000 μA（微安）

电路中某点的电位，是指电场力将单位正电荷从该点移动到参考点所做的功，常以大地或机壳作为参考点。电路中任意两点间的电压，是指电场力将单位正电荷从电路的一点移动到另一点所做的功，即电压就是电路中任意两点间的电位差。电源的电动势是衡量电源能量转换本领大小的物理量。电位、电压和电动势的国际单位都是伏特（V），简称“伏”，与其他单位的换算关系如下：

1 kV（千伏）=1 000 V（伏）

2. 水准测量基础知识

测量学是测绘学科中的一门基础技术课，也是土木工程、交通工程、测绘工程和土地管理等专业的一门必修课。测量学的主要内容，就是地形信息的采集、应用和工程设计的施工放样。

下面简单介绍水准测量的背景知识、原理、仪器和方法。

（1）高程系统。为了统一全国的高程系统，我国采用黄海平均海水面作为全国高程系统的基准面即我国采用的大地水准面，在该面上的任一点其高程为零。为确定这个基准面，中国测绘主管部门在青岛设立了验潮站和国家水准原点，根据青岛验潮站从1952—1979 年的验潮资料确定黄海平均海水面为高程零点，并据此测定青岛水准原点的高程为 72. 260 4 m。这个高程零点和原点高程称为“1985 国家高程基准”，根据这个基准测定全国各地的高程。例如，2005 年国家测绘局测定珠穆朗玛峰巅的高程为 8 844. 43 m。

（2）水准测量的基本原理。水准测量的基本原理是利用水准仪提供一条水平视线，对竖立在两地面点的水准尺上分别进行瞄准和读数，以测定两点间的高差，再根据已知点的高程，推算待定点的高程。

（3）水准测量和水准路线。设两点间的距离较远，或高差较大，或不能直接通视，则不可能安置一次水准仪即测定其高差。此时，可沿一条路线进行水准测量，中间加设若干个临时立尺垫，称为“转点”，依次安置水准仪，测定相邻点间的高差，最后取各高差的代数和，得到起、终两点间的高差。水准测量所进行的路线称为“水准路线”。

水准路线有闭合水准路线、附合水准路线、支水准路线等形式。

（4）水准测量的仪器和工具。水准测量所使用的仪器为水准仪，与其配套的工具为水准尺和尺垫。

水准尺的尺面上每厘米印刷有黑、白或红、白相间的分划，每分米处注有分米数，其数字有正和倒两种，分别与水准仪的正像望远镜或倒像望远镜相配合。双面水准尺的一面为黑白分划，称为黑色面，另一面为红白分划，称为红色面。双面尺的黑色面的尺底是从零开始的，红色面的尺底是从某一数值（一般为 4 687 mm 或 4 787 mm）开始的，称为零点差。水准仪的水平视线在同一根水准尺上的红、黑面读数差应等于双面尺的零点差，可作为水准测量时读数的检核。

（5）水准仪的使用。用水准仪进行水准测量的操作程序为：安置—粗平—瞄准—精平—读数。

（6）水准测量的方法。在进行连续水准测量时，其中任何一个测站上仪器操作有失误，都会影响高差观测值的正确性。因此，为了能及时发现观测中的错误，在每一个测站的观测中都要用“两次仪器高法”或“双面尺法”进行水准测量。

（7）线路坡度。正线线路曲线半径一般不得小于 300 m。正线线路坡度一般不得超过 30‰。

3. 常用测量工具

（1）钢卷尺。钢卷尺简称钢尺，为用钢制成的带状尺，尺的宽度为 10 ~ 15 mm，厚度约为 0. 4 mm，长度有 30 m、50 m 等数种。钢尺可以卷放在圆形的尺壳内，或卷放在金属的尺架上。也有尺长仅为 2 ~ 5 m 的小钢卷尺，用于量取一些细部尺寸。钢尺上长度的最小分划为毫米，最小注记为厘米，各整米处也有注记。

（2）塞尺。塞尺又称测微片或厚薄规，是用于检验间隙的测量器具之一。塞尺由许多层厚薄不一的薄钢片组成。每把塞尺中的每片具有两个平行的测量平面，且都有厚度标记，以供组合使用。测量时，根据结合面间隙的大小，用一片或数片重叠在一起塞进间隙内。例如，用 0. 03 mm 的一片能插入间隙，而 0. 04 mm 的一片不能插入间隙，这说明间隙在 0. 03 ~ 0. 04 mm 之间，所以塞尺也是一种界限量规。

塞尺使用前必须先清除塞尺和工件上的污垢与灰尘。使用时可用一片或数片重叠插入间隙，以稍感拖滞为宜。测量时动作要轻，不允许硬插。也不允许测量温度较高的零件。塞尺应经常保持良好状态，根据结合面的间隙情况选用塞尺片数时，片数愈少愈好。

1.1.3 桥梁涵渠的组成分类与常用尺寸

1. 桥梁的组成分类与常用尺寸

桥梁建筑物是桥梁、涵洞、明渠、天桥、地道、跨线桥和调节河流建筑物等的总称。

桥梁建筑物是城市轨道交通线路的重要组成部分，它构造复杂，技术性强，造价高，故加固和修复都比较困难。所以，桥梁建筑物必须保持完好状态，才能保证列车按规定的速度，安全、平稳和不间断地运行。

（1）桥梁的组成。桥梁由上部结构（即桥跨结构）、下部结构、防护设备和调节河流建筑物组成。

上部结构包括桥面、梁和支座。下部结构包括桥墩、桥台和基础。防护设备包括护锥、护岸、护基和护底。调节河流建筑物包括导流堤、丁坝和梨形堤。

（2）桥梁的分类

1）按桥梁长度分类，特大桥指桥长 500 m 以上的桥；大桥指桥长 100 m 以上至 500 m 的桥；中桥指桥长 20 m 以上至 100 m 的桥；小桥指桥长 20 m 及以下的桥。

2）按桥跨材质分类，混凝土桥指主梁材料为混凝土的桥梁，通常为预应力混凝土；钢桥指主梁材料为钢材的桥梁；混合桥指一座桥上有两种以上不同的材质，一般指同时使用钢材与混凝土。

3）按桥面位置分类，桥梁可分为上承式桥、下承式桥、中承式桥。桥面位于桥跨的顶部的桥梁，称为上承式桥；桥面位于两主梁（桁梁或板梁）或两拱肋之间的桥梁，称为下承式桥，下承式又分为穿式桥和半穿式桥；桥面上方有横向联接系者称为穿式桥；桥面上方无横向联接系者称为半穿式桥；桥面系设置在桥跨主要承重结构（桁架、拱肋、主梁等）中部的桥梁，称为中承式桥。

4）按桥梁结构的体系分类，桥梁可分为梁式桥、拱式桥、刚架桥、悬索桥、斜拉桥、组合体系。

①梁式桥。以受弯为主的主梁作为承重构件的桥梁称为梁式桥。梁式桥又可分为简支梁桥、连续梁桥、悬臂梁桥。

②拱式桥。以受压为主的拱肋作为承重构件的桥梁称为拱式桥。拱式桥又可按结构分为无铰拱、双铰拱和三铰拱；按有无外推力分为有推力拱和无推力拱。

③刚架桥。墩台（支柱）与桥跨连成刚性整体（不设支座）的桥梁称为刚架桥。

④悬索桥。桥跨结构主要荷载由柔性主缆来承担的桥梁称为悬索桥。

⑤斜拉桥。桥跨结构主要荷载由斜拉索来承担的桥梁称为斜拉桥。

⑥组合体系。桥跨同时具有几个体系的特征即为组合体系，譬如连续刚构、系杆拱等。

5）按跨越能否活动分类，固定桥是不能开合的桥梁；开合桥是可以开合的桥梁。

6）按跨越的障碍分类，跨河桥是跨越河流、湖泊的桥梁；跨线桥是跨越铁路、公路的桥梁；高架桥是跨越深谷、低地的桥梁。

（3）桥梁常用尺寸

1）跨度（计算跨度）。简支梁、连续梁、悬臂梁、双铰拱的跨度为各孔两端支座中心距。无铰拱、刚架桥的跨度为其净孔。

2）梁的全长。钢桁梁的全长为沿纵梁（下承）或上弦（上承）的全梁长度。板梁、工字钢梁的全长为上边的长度。简支梁的全长为两端外边至外边的长度。连续梁的全长为相连各孔的总长。悬臂梁的全长为锚固跨加悬臂总长。

简支梁的“跨度”比“梁的全长”少了桥梁两端的支座到结构边沿的距离。

连续梁的跨度是指相邻两个桥墩上支座中心的距离，所以要完整表达连续梁的跨度，需要使用“跨度组合”这样的说法，用“+”将每一跨桥的长度依照顺序列写，如“30 m + 45 m + 30 m”这样的形式。相邻桥墩称为“一跨”；由多跨组成的整体，称为“一联”。

3）桥梁长度。桥梁长度是指梁桥桥台挡墙之间的长度。

4）桥梁全长。桥梁全长是指梁桥桥台后端点之间的长度。“桥梁长度”和“桥梁全长”通常用于设有桥台的桥梁。桥梁长度用于确认桥梁下方车行道的限界距离是否满足要求，桥梁全长用来确认桥梁的最大“影响”范围。

5）梁的净跨度（净孔）。梁的净跨度指桥梁单孔的排水宽度，是沿计算水位量处的相邻墩台边缘的距离。“净跨度”与“计算跨度”不同，“净跨度”反映桥下的排水宽度，不用于计算结构受力，“计算跨度”则是在桥梁设计时采用的结构主要承受荷载的长度。

6）桥孔总长。桥孔总长指桥梁排水宽度，即桥梁各孔净跨度的总和。斜桥为各两墩台间的垂直距离之和，拱桥为各孔起拱线处净长之和。当锥体填土突出桥台之外时，则改为沿计算水位与低水位之间的中线来量度。

7）桥梁高度。桥梁高度是由桥面的轨底至河床最凹点的距离。

8）桥梁的建筑高度。桥梁的建筑高度是由桥面的轨底至桥跨结构底部的距离。

9）桥下净空高度。桥下净空高度是由桥跨结构的底部到计算水位（若为通航河流，则为计算通航水位）的距离。跨线桥的桥下净空高度为桥跨结构底部至下线路轨顶或路面的高度。

2. 涵渠的组成分类与常用尺寸

涵洞、明渠、渡槽、倒虹吸管统称为涵渠。

（1）涵渠的组成。涵渠由洞身或渠身、基础、进出口建筑物（即端墙或翼墙等）以及导流堤、截水墙、缓流井、上下游吊沟等调节河流建筑物组成。

（2）涵渠的分类

1）按结构形式，涵渠可分为拱涵、管涵、箱涵等。

2）按水力特性，涵渠可分为有压涵、无压涵。

3）按孔数，涵渠可分为单孔涵、双孔涵、多孔涵等。

（3）涵渠常用尺寸

1）涵渠的净孔。拱涵为起拱线间的水平距离。箱涵为涵内水平距离。管涵为内径，卵形或扁圆形的为水平方向最大径。明渠为墩台间净距。

2）涵渠的全长。涵渠包括涵洞和明渠。涵洞的全长即涵洞的轴长，包括端墙在内。明渠的全长为边墙间横向宽度，以长边计。

3）涵渠净孔高。涵渠净孔高指基顶至涵洞内顶面的距离，内外高度不等值时取最小值。圆涵为内径。明渠为轨底至基础顶面的距离。

4）涵洞净空高度。涵洞净空高度指洞内顶点至计算水位的距离。

（4）涵洞的长度与净高的对应关系。各式涵洞的长度应视其净高（或内径）h 而定：

$h=1.0$ m，长度不宜超过 15 m；

$h=1.25$ m，长度不宜超过 25 m；

$h\geqslant1.5$ m，长度不受限制。

当采用 0.75 m 孔径（仅用于无淤积地区的灌溉涵），长度不宜超过 10 m。

1.1.4 隧道基础知识

1. 盾构隧道基础知识

（1）盾构隧道结构的基本概念。盾构隧道是指采用盾构法施工建造而成的隧道。盾构法是暗挖法施工中的一种全机械化施工方法，它使用盾构机械在地中推进，一边通过盾构外壳和管片支撑四周围岩防止发生向隧道内的坍塌，一边用切削装置在开挖面前方进行土体开挖，并通过出土机械将土渣运出洞外，同时靠千斤顶在后部加压顶进，并拼装预制混凝土管片，形成隧道结构。

上海地铁盾构隧道结构形式有单圆盾构隧道（见图 1—1）和双圆盾构隧道（见图 1—2），按其拼装方式可分为通缝拼装和错缝拼装，管片环纵缝采用螺栓接头。

图 1—1 单圆盾构隧道

图 1—2　双圆盾构隧道

（2）管片结构的基本概念。现有的上海地铁盾构隧道全部为单层管片衬砌。单层管片衬砌一般采用施工迅速、安装容易的预制装配式管片结构。

管片按材料可分为钢筋混凝土、钢、铸铁以及由几种材料组合而成的复合管片，见表 1—1。上海地铁隧道一般采用钢筋混凝土管片。在区间隧道的特殊地段，如集水井、需要开口的衬砌环或预计将承受特殊荷载的地段采用钢或铸铁管片。

表 1—1　　管片类型及对比

名称	特点	存在问题
钢筋混凝土管片	①成本低、使用最多 ②耐久性好	①厚度大，致使掘削面大 ②质量大，运输、组装需要手工操作，易损伤
球墨混凝土管片	①强度好、耐久性好。制作精度高 ②与混凝土管片相比，质量小、掘削面小 ③承受特殊合作的地点可选用特殊构造	①成本高 ②焊接困难
钢管片	①质量小，组装运输容易 ②可任意按照加固材、加固容易 ③中小盾构隧道中使用多	①容易变形 ②耐腐蚀性差
复合管片	管片洗混凝土和钢板有效复合构造，与钢筋混凝土管片相比厚度小	①钢板的耐腐蚀性差 ②接头构造复杂

单圆隧道管片厚度为 350 mm，内径为 5 500 mm，管片为 C55 高强混凝土，抗渗等

级≥S10。一般隧道衬砌环为通缝拼装，由 6 块管片拼装而成，即由一块小封顶块 F、两块邻接块 L、两块标准块 B 和一块大拱底块组成，如图 1—3a 所示。大拱底块布置两条对称的三角肋，在靠近隧道外弧面设弹性密封垫槽，内弧面设嵌缝槽。考虑到软土地层的特性，为了便于在环间传递一定的剪力控制环间踏步，同时方便管片拼装时定位，环缝和纵缝均设计成凹凸榫槽；也有在管片纵缝上设置塑料定位棒的。目前，隧道常用的螺栓连接有以下三种型式：弯螺栓、直螺栓和斜螺栓。通常环向管片间以 2 根 M30 的环向螺栓压密相连，纵向环间以 17 根纵向螺栓相连。

错缝拼装与通缝拼装略有不同，其拼装方式是隔环相同，拱底块不设三角肋，在道床底部有一条纵缝，6 块管片所对应圆心角分别为 20°、2×68.75°、3×67.5°，如图 1—3 所示。错缝隧道的纵向刚度通常要比通缝隧道的纵向刚度大。

双圆隧道结构错缝拼装，其管片为 C50 高强混凝土，由 8 块 A 型管片、1 块 B 型管片、1 块 C 型管片、1 块 D 型管片组成一环，外径分别为 10.9 m（水平方向）和 6.3 m（垂直方向），内径分别为 10.3 m（水平方向）、5.7 m（垂直方向），管片厚度为 0.3 m，接缝形式为预埋螺栓型接头，如图 1—3c 所示。

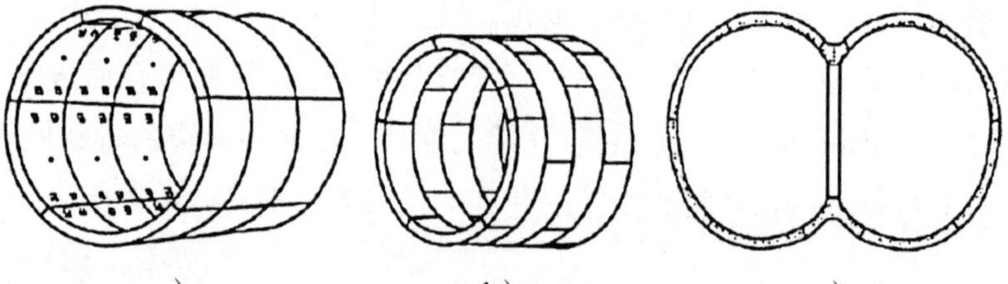

a）　　　　b）　　　　c）

图 1—3　通缝拼装和错缝拼装隧道

a）通缝拼装　b）错缝拼装　c）双圆隧道错缝拼装

整环隧道构成如图 1—4 所示。

（3）盾构隧道防水的基本概念。盾构隧道的防水体系由管片自防水、管片外防水防腐涂层和管片接缝处理组成。

1）管片自防水。管片结构自防水是首选的防水措施，主要通过采用防水混凝土及严密的施工工艺来保证管片质量，以达到防水效果采用防水效果。管片混凝土强度等级 C50 ~ C55，抗渗标号可达 S8 ~ S12 以上。

2）管片外防水防腐涂层。管片的外弧面均涂双组份聚氨脂涂料起到防水防腐的作用。施涂工作在管片预制厂进行。涂层需满足以下要求：

①涂层在盾尾密封圈钢丝刷与钢板的挤压磨损下不损坏、不渗水。

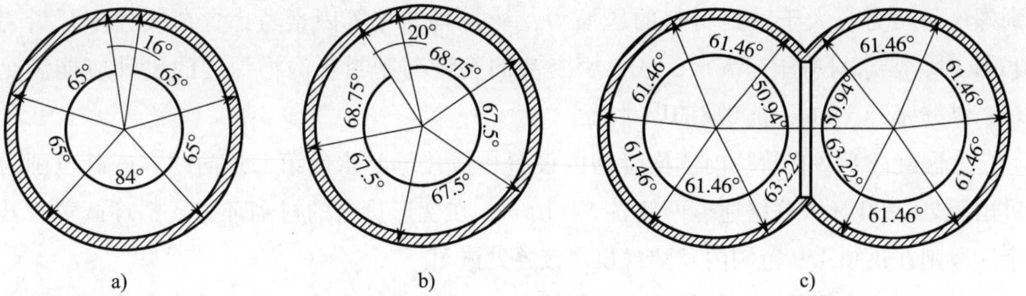

图 1—4　整环隧道构成

a）整环通缝拼装　b）整环错缝拼装　c）整环双圆错缝拼装

②在管片弧面的混凝土裂缝宽度达到 0.3 mm 时，仍能抗 0.6 Mpa 水压。

③涂层的耐腐蚀性、耐侵蚀性、耐久性好。

④涂层具有防迷流的功能。

⑤除管片背面外，还应涂抹于接缝环形密封圈外侧的混凝土上。

上海地铁 2 号线、4 号线仅过江段外涂防水层。

3）管片接缝处理。为了使管片接缝保持永久的弹性状态和具有足够的承压能力，能够适应隧道长期处于“蠕动”状态而产生接缝的张开和错动，并保证管片接缝的防水效果，应对其采取以下措施（见图 1—5）：

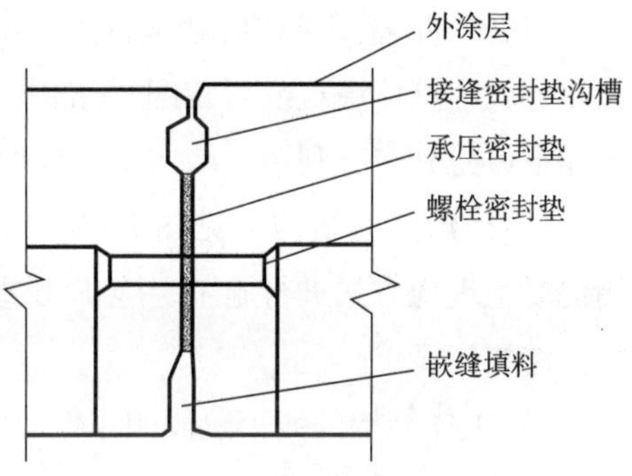

图 1—5　管片防水层各部位置图

①在环、纵缝中设丁晴软木弹性衬垫。在管片的纵缝中各设置 1.5 mm 厚、宽度为 75 mm 的丁腈软木衬垫，环缝传力衬垫厚 3 mm（变形缝处 6 mm），宽度 130 mm。环缝密封衬垫需要有足够的承压能力和弹性复原能力，以承受均布盾构千斤顶的顶力，防止管片顶碎。纵缝密封衬垫不仅有填缝隙的作用，还能对局部应力起缓解作用。

②在环、纵缝的预留沟槽中嵌填弹性橡胶密封垫。弹性橡胶密封垫由三元乙丙橡胶与遇水膨胀橡胶条（表面需涂缓膨剂）复合而成，是接缝防水的第一道防线。遇水膨胀橡胶止水条在工厂预制成框形，在施工现场粘贴到管片环、纵缝的凹榴中。

对弹性密封垫有如下技术要求：为能使密封垫完全压密，密封垫沟槽面积应大于或等于密封垫的断面积；为确保环面密封材料能完全压密，千斤顶顶力要大于环缝张开量为 0 mm 时对密封材料的压缩力；为确保纵缝密封材料能做到纵缝张开量为 0 mm，则螺栓紧固力应大于密封材料的压缩力；从材料老化等因素考虑，在接缝张开量为 0 mm 时，要求材料压缩率 < 35%；密封垫的高度与密封垫沟槽深度的设计应能满足环、纵缝张开 3 mm，抗 0.8 MPa 水压。

③嵌缝防水。在管片内侧嵌缝槽内设置构成接缝防水的第二道防线。嵌缝范围为进出洞 20 ~ 30 环；联络通道两侧各 5 ~ 10 m；在变形量大的衬砌环进行整环嵌填，其余区段则在拱顶 450 范围内及到封顶块接缝处嵌填。

④注浆孔、螺孔密封。注浆孔、螺孔防水是衬砌接缝防水的一项重要措施。设计采用橡胶密封圈（遇水膨胀橡胶类），利用其压密和膨胀双重作用来满足注浆孔、螺孔的防水要求。

⑤衬砌环和开挖土体之间的环向空隙注浆。施工时应及时向盾尾和衬砌管片间的环向空隙进行连续、适量均匀的注浆。

⑥管片螺栓热浸锌防锈处理。管片螺栓、垫片等钢材在施工安装前进行热浸锌防锈处理。

2. 矩形隧道基础知识

（1）矩形隧道结构的基本概念。明挖法施工的地铁区间隧道结构通常采用矩形断面，一般为整体浇筑或者装配式结构，其优点是内轮廓与区间隧道建筑限界接近，内部净空可得到充分利用，结构受力合理，便于顶板上敷设城市地下管网设施。

1）矩形隧道结构（见图 1—6）一般由隧道底板、隧道顶板与侧墙组成，隧道采用混凝土现浇方式进行施工，施工工艺有四项：围护结构施工、降排水施工、土方开挖、结构施工。

2）主体结构的四个阶段顺序作业为：接地网垫层底板防水层—底板—侧墙、顶板防水层—土体回填。

（2）矩形隧道防水的基本概念。矩形隧道防水标准为二级，不得有漏水，结构表面可有少量、偶见的湿渍。防水应遵循“以防为主、防排结合、刚柔相济、多道防线、因地制宜、综合治理”的原则，以混凝土自防水为主，柔性防水层为辅，对变形缝、施工缝等特殊部位进行多道防水处理。

1）混凝土自防水。混凝土自防水是指混凝土承受水渗透能力，可用抗渗等级来度量，它与混凝土致密性相关。一般可通过降低混凝土水灰比，添加磨细矿渣、粉煤灰等方法提高抗渗能力。

2）矩形隧道结构外柔性防水层。矩形隧道结构外柔性防水主要是在底板、侧墙、顶板外侧全包防水方案，形成一个封闭的防水层，以达到止水的目的。

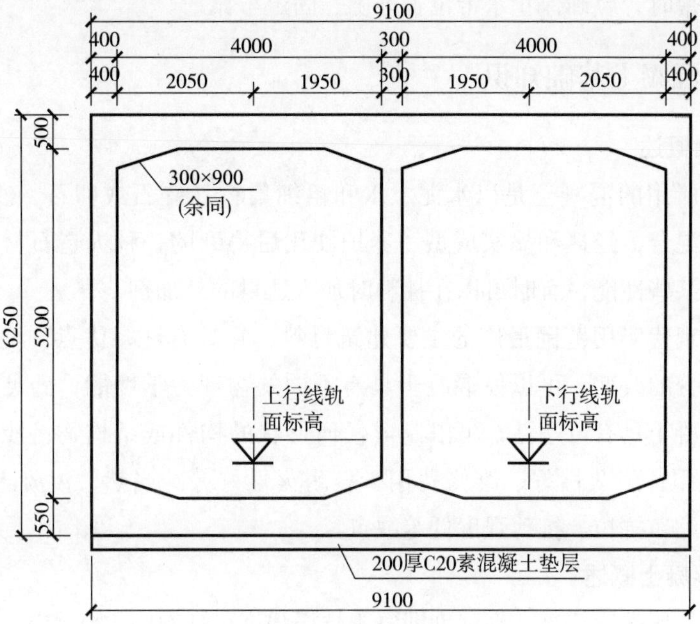

内衬结构横断面图 1：100
(SK28+723.514~SK28+875.716)

图 1—6 矩形隧道结构图

3）隧道接缝（变形缝、施工缝）防水

①防水混凝土结构的变形缝、施工缝、后浇带等细部构造，应采用止水带、遇水膨胀橡胶腻子止水条等高分子防水材料和接缝密封材料。

②变形缝的防水施工规定如下：止水带宽度和材质的物理性能均应符合设计要求，且无裂缝和气泡；接头应采用热接，不得叠接，接缝平整、牢固，不得有裂口和脱胶现象。中埋式止水带中心线应和变形缝中心线重合，止水带不得穿孔或用铁钉固定。变形缝设置中埋式止水带时，混凝土浇筑前应校正止水带位置，表面清理干净，止水带损坏处应修补；顶、底板止水带的下侧混凝土应振捣密实，边墙止水带内外侧混凝土应均匀，保持止水带位置正确、平直，无卷曲现象。变形缝处增设的卷材或涂料防水层，应按设计要求施工。

③施工缝的防水施工的规定如下：水平施工缝浇筑混凝土前，应将其表面浮浆和杂物清除，铺水泥砂浆或涂刷混凝土界面处理剂并及时浇筑混凝土。垂直施工缝浇筑混凝土前，应将其表面清理干净，涂刷混凝土界面处理剂并及时浇筑混凝土。施工缝采用遇水膨胀橡胶腻子止水条时，应将止水条牢固地安装在缝表面预留槽内。施工缝

采用中埋止水带时，应确保止水带位置准确、固定牢靠。

1.1.5 混凝土基础知识

1. 混凝土概述

桥隧工程所用的混凝土是以水泥、水和粗细集料（碎石或卵石、沙子）为原料，按一定的配比混合，经拌和捣实成型、养护硬化后得到的一种人造石材。为了改善或提高混凝土的某些性能，有时可以在拌料时加入适量的外加剂。

混凝土是现代实用范围最广的主要建筑材料，它具有许多优点：抗压强度高，而且随着组织成分的改变，可以使混凝土具有不同的物理力学性能，满足工程上的不同需求；新拌混凝土具有可塑性，可以制成任何形状的构件或结构物；沙、石料可就地取材，节约费用；耐久性好、维修费用少；耐火性好等。当然，混凝土也有自重大，干燥后容易收缩，抗拉、抗剪强度低等缺点。

2. 钢筋混凝土概述

混凝土的抗压强度很高，高强度混凝土抗压强度可达 60 ~ 100 MPa，但它的抗拉强度仅为抗压强度的 1/8 ~ 1/17。梁、板等受弯构件或结构物承受荷载时，局部区域产生中心受拉或弯曲受拉，致使混凝土断裂。为了克服上述缺陷，在混凝土构件或结构物的受拉区，配置一定数量的钢筋来承受拉力，使混凝土和钢筋共同受力，发挥其各自具有的特长，从而使构件或结构物既能受压又能受拉。这种配有钢筋的混凝土，叫钢筋混凝土。

钢筋混凝土构件中，混凝土和钢筋两种不同性能的材料之所以能够共同工作，是因为两者之间存在着黏着力。黏着力由以下因素组成：

（1）由于混凝土收缩将钢筋握裹而产生的摩擦作用。

（2）在钢筋和混凝土表面分子互相胶着的作用。

（3）接触表面上凹凸不平的机械咬合作用。

此外，钢筋和混凝土两种材料的线膨胀系数大致相同（钢筋约为 0.000 011 8，混凝土约为 0.000 01），当外界温度变化而引起热胀冷缩时，不会破坏两者之间的黏结。钢筋有混凝土保护层，正常情况下不会发生锈蚀，因而能与混凝土较永久地结合在一起共同工作。

3. 预应力混凝土概述

普通钢筋混凝土结构较之素混凝土结构具有很大的优越性，但仍存在两个缺点。第一是抗拉性能差。由于混凝土抗拉性能差，当每延米伸长 0.1 ~ 0.15 mm 时，已达到其抗拉极限强度，开始出现裂纹，此时钢筋的拉应力只有约 3 kPa。如果荷载继续增加，裂缝宽度则继续加大。当裂缝宽度达到 0.2 ~ 0.3 mm 时，水气和雨水可渗透导致钢筋锈蚀，影响结构的耐久性，但这时钢筋的拉应力也只有 10 kPa。由于裂缝过早出现，普通钢筋混凝土结构不能有效地发挥高强度等级混凝土的作用。第二是自重大。普通钢筋混凝土由于不能应用高强材料，结构自重必然大。特别是结构物跨度大时，自重比例太大，使其适用范围大受限制。

由此可见，用钢筋代替混凝土承受拉力，并没有彻底解决混凝土抗拉性差的问题。

预应力混凝土结构的出现，解决了上述矛盾。预应力混凝土结构是在承受荷载之前，预先人为地造成受压状态（所谓预应力），当结构承受荷载后，受拉区混凝土的拉伸变形首先与压缩变形相抵消，以后随着荷载的增加，才继续被拉伸。一般情况下，如果结构物或构件设计合理，不致出现裂纹或仅有很细的裂纹。

混凝土结构预加应力的主要方法是张拉钢筋使之伸长，然后把钢筋两端锚固于混凝土中，造成钢筋受拉而大部分混凝土受压的预应力状态。

预应力混凝土结构具有两个明显优点：

（1）抗裂能力提升。预加应力提高了结构的抗裂能力，同时增加了结构的耐久性和刚度。结构在使用阶段，受拉区混凝土可不发生拉应力，不产生裂纹。同时，预应力混凝土使用高标号混凝土，抗渗性好，钢筋不易锈蚀，自然提高了结构的耐久性。预加应力通常造成结构的反向变形，因而结构的刚度大、变形小。

（2）自重下降。由于预应力混凝土必须使用高强度钢筋和高标号混凝土，在相同荷载下，构件截面尺寸大为减小，不仅节约材料且减轻了自重，为建造大跨度结构物提供了条件。桥梁上使用的预应力混凝土强度等级一般不低于 C50。

此外，预应力混凝土结构还有提高构件的抗剪性能和耐疲劳性能等优点，从而扩大了应用范围。

由于预应力混凝土施工需要较多的机械设备和较高的操作技术，故适合于工厂化的大批量生产，对零星的、个别的构件生产是不经济的。

4. 混凝土的配合比

混凝土的配合比（质量比），是指混凝土各组成材料之间用量的比例关系，一般以水泥∶沙∶石表示，以水泥为基数 1，同时必须注明水灰比。若掺用外加剂，其含量以水泥质量的百分率表示。

5. 混凝土的外加剂

为改善混凝土的技术性能，满足工程的某方面的特殊需要，提高质量，加速工程进度，节约水泥，可以在拌制混凝土或砂浆时适当掺入各种类型的化学外加剂或混合材料。

外加剂按其对混凝土的不同作用，分为减水剂、早强剂、速凝剂、缓凝剂、防冻剂、加气剂等。

各种外加剂都必须是经过鉴定的产品。无论是固体、液体或者黏膏状态的外加剂，到达工地时均应有适当的包装或容器，标明其名称、用途、有效物质含量并有产品合格证书。

各种外加剂在工地应分类分批妥善存放，防止变质。外加剂使用前应进行试验，确定其性质、溶液配置方法和最佳产量。

（1）减水剂。减水剂的作用在于可以使水泥颗粒均匀分散在混凝土中，使水泥水化作业完全，减少用水量，增加混凝土流动性，改善和易性，大幅度提高混凝土强度，节约水泥。

最常用的减水剂有木质素磺酸钙（M 型）、磺化酸焦油（TRB）、糖蜜类（ST）等。

（2）早强剂。早强剂的作用是加快混凝土的凝结硬化，提高混凝土的早期强度，以满足提前拆模、缩短养护周期、加快工程进度以及寒冷地区冬季施工等需要。

常用的早强剂有氯化钠、氯化钙、硫酸钠、硫酸钙、三乙醇胺（简称 TEA）等。氯化钠、氯化钙等氯盐类早强剂能降低水的冰点，有利于冬季施工。但氯盐掺得过多，会引起钢筋锈蚀。硫酸盐类早强剂和三乙醇胺均对钢筋无腐蚀作用。

（3）速凝剂（或称促凝剂）。速凝剂与早强剂的区别在于能更快地使水泥凝结硬化，主要用于喷射混凝土或喷射砂浆工程。在工程的堵漏、修补等急需尽快凝结的条件下，也常使用速凝剂。速凝剂的掺量必须严格控制，过量掺用会导致凝结延缓并大幅降低混凝土的后期强度。

常用的速凝剂有 711 型速凝剂、红星 1 型速凝剂、782 型速凝剂、TS 速凝剂。

（4）缓凝剂。缓凝剂的作用是推迟混凝土的凝结时间。如在大体积混凝土施工中，为了减少水化热，降低混凝土温度，需要缓凝；夏季施工中满足工程某些工艺要求也需要缓凝。缓凝剂分为有减水效果的减水缓凝剂和无减水效果只起推迟凝结时间的缓凝剂两种。

常用的缓凝剂有糖钙、葡萄糖酸盐、酒石酸、锌盐、木质磺酸盐等。

（5）防冻剂。防冻剂的主要作用是可以降低冰点，使水泥在负温下仍能继续水化，提高混凝土的早期强度，抵抗水结冰产生的膨胀应力，减少混凝土拌和用水量等。

常用的防冻剂有亚硝酸钠、氯化钙、氯化钠、碳酸钙、硫酸钠、氯化铵、氨水、尿素等。

（6）加气剂。在混凝土中掺入加气剂，能使其内部产生无数的微小气泡，这些气泡可以增加水泥浆体积和减少砂石之间的摩擦力，从而改善混凝土的和易性，减少拌和用水量，提高混凝土抗渗和抗冻融循环的能力，适用于灌筑配筋较密的构件以及水工结构。

目前使用的加气剂有松香热聚物加气剂、松香皂加气剂、铝粉加气剂等。使用加气剂要严格控制掺量，使混凝土含气量控制在5%以内，过多则会降低混凝土的强度。

6. 混凝土基本性质

（1）和易性。和易性是指混凝土拌和物的流动性、黏聚性。和易性好的混凝土拌和物在运输过程中不容易发生离析现象，便于灌筑捣实，分布均匀，易于充满模板的各部分，牢固地黏结着钢筋，且稠稀适度，不产生蜂窝麻面等不良现象。因此，和易性是混凝土工程施工的重要指标之一。测定混凝土和易性的方法有两种，塑性混凝土拌和物用坍落度测定，半干硬性或干硬性混凝土拌和物则用维勃稠度来测定。

影响混凝土和易性主要是水泥浆含量多少及其稠度，以及与此有关的因素如水灰比、水泥品种、细度、含沙率、粗骨料表面光滑与否等。此外，在拌和物中掺入某些外加剂能显著改善混凝土的和易性。

（2）密实度。混凝土的密实度是指一定体积混凝土中固体物质部分的体积占总体积的比例，反映固体物质填充的程度。施工中可以通过恰当的用水量、水灰比、良好的沙石级配和正确有效的施工方法获得密实度高的混凝土。密实度是衡量混凝土质量优劣的重要标准。混凝土的密实度几乎与混凝土所有主要技术性能，如强度、耐久性、传热性都有密切的关系。

（3）强度。混凝土强度的主要指标是混凝土的抗压强度。混凝土的其他强度如抗拉、抗弯、抗剪都不大，而且与抗压强度正相关。所以，混凝土是一种脆性材料，耐压不耐拉。

混凝土的抗压强度主要取决于水泥标号与水灰比。水泥标号越高、水灰比越小，混凝土的强度就越高。而骨料的强度与级配，沙石比率，混凝土的施工条件（拌和与捣固），以及混凝土硬化时的温度、湿度（养护条件）等也对混凝土的抗压强度有直接关系。

测定抗压强度时，应将混凝土拌和物制成边长为15 cm的立方体试件，在标准条件下（温度20 ±3℃，相对湿度在90%以上）养护28天，进行抗压试验，测定其抗压极限强度。如采用非标准尺寸的试件，应换算成标准试件的强度。换算系数如下：边长为 10 cm 立方体试件为 0.90；边长为 20 cm 立方体试件为 1.05；尺寸为 ϕ15 cm×30 cm 的圆柱体试件为 1.20。

（4）耐久性。混凝土的耐久性是指混凝土在周围环境长期的物理化学侵蚀下，保持其强度的能力。耐久性包括抗渗性、抗化学侵蚀性、抗冻性等。

1）抗渗性。抗渗性直接影响着混凝土的抗侵蚀性、抗冻性，关系到对钢筋的锈蚀，因而直接影响着建筑物的耐久性。

2）抗化学侵蚀性。常见的化学侵蚀有硫酸盐侵蚀、水和酸性水侵蚀、海水侵蚀、碱类侵蚀和碳化。碳化是最为常见的侵蚀类型，是指空气中的二氧化碳和混凝土中水泥水化生成物发生作用，生成碳酸钙和水，并使混凝土收缩，甚至表面产生裂纹。

3）抗冻性。抗冻性是指混凝土在饱和水状态下能够经受多次冻融交替作用而不破坏，同时也不严重降低强度的性能。抗冻性的强弱主要取决于混凝土的密实度、孔隙的形状和分布。

影响混凝土耐久性的因素很多，如水泥品种和用量、水灰比、掺和的附加剂、骨料的质量和级配、施工方法等。如前所述，耐久性主要与其本身的密实度有关。

（5）变形。除了混凝土干燥过程中发生的收缩，混凝土还有两种变形，一种是因为温度和湿度变化而引起的变形，如湿胀干缩、热胀冷缩等；另一种是在荷载作用下的变形，如徐变、弹塑性变形等。

1）混凝土收缩。混凝土收缩主要是由于硬化水泥浆中的凝胶体逐渐干燥引起的，它与水泥品种、水泥用量和单位用水量有关。矿渣水泥收缩大，高标号水泥收缩大，水泥用量多或单位用水量多收缩大。混凝土收缩有利裹紧钢筋，但在预应力混凝土中会造成钢筋应力损失。有些构件由于内外收缩差别大，会引起裂缝或翘曲。

2）热胀冷缩。混凝土的温度膨胀系数约为 0.000 01，即温度升高或降低 1℃，每米膨胀或收缩 0.01 mm。温度变化对大体积混凝土极为不利。在混凝土硬化初期，水泥会放出大量的水化热。在大体积混凝土中，如无降温措施，混凝土内部温度增高甚至可达 50～70℃，同时混凝土外部随气温降低而收缩，外部混凝土产生很大的拉应力，使混凝土表面产生裂缝。所以，灌筑大体积混凝土应采用水化热低的水泥，同时采取内部降温外部保温的措施，以减小温度变形，防止裂缝产生。

考虑到混凝土干燥收缩和温度胀缩的危害，所有纵长的结构物如涵洞、挡土墙等，都应设置伸缩缝。

3）混凝土徐变。混凝土在恒载作用下产生随时间而增长的塑性变形叫混凝土徐变。发生徐变的原因很复杂，它与水泥中残留水分和凝胶体在混凝土受力时缓慢地在孔隙中流动有关。一般情况是应力越大，徐变越大；水泥用量大，徐变大；用水越多，徐变越大；硬化时湿度越小，徐变越大；硬化初期徐变大，随着龄期延长逐渐减小。为了减小徐变，应采取在设计时尽量避免出现过高压应力，施工中避免过早承受荷载，尽可能降低水灰比，减少水泥用量等。

7. 混凝土的养护

混凝土灌筑后，其硬结和增长强度的过程就是水和水泥产生水化作用的过程。水化作用必须在适当的温度和湿度条件下才能完成。如果空气干燥，气候炎热，就会使混凝土中的水分蒸发过快，出现脱水现象，表面脱皮或起沙，甚至内部也会松散、干缩和裂纹，导致强度降低，破坏耐久性。因此混凝土的养护对保证其强度的正常发展非常重要。

（1）浇水养护

1）混凝土灌筑完毕 10～12 h 以内就要加以覆盖并浇水，遇炎热或风干天气或灌筑干硬性、半干硬性混凝土以及快硬性混凝土，则应在灌筑后 1～2 h 即行覆盖并浇水。

2）混凝土的外露面可用清洁的草帘（袋）、混沙等覆盖，但不得污染或损伤混凝土表面。

3）木模的外露面应经常浇水，保持湿润，拆模后也应立即覆盖并浇水。使用钢模板时应浇水降温。

4）当气温低于 5℃时，混凝土应严密覆盖，保温保湿，但不得浇水。气温保持在 5℃以上时，仍应及时浇水养护。

5）浇水养护期限根据水泥品种和空气的相对湿度而定。

6）浇水次数以能保持混凝土湿润为度。一般条件下当气温高于 15℃时，最初 3 天白天每隔 2 h 浇水 1 次，夜间至少浇水 2 次；3 天以后每昼夜至少浇水 4 次。如气候干燥，还应适当增加浇水次数。

7）当混凝土结构与流动的地表水或地下水接触时，为防止水流冲刷，应采取防水措施，如临时排水、堵塞水流、设置围堰等。一般情况下，此项措施至少应延续到混凝土达到设计强度 50% 以上，并应不少于 7 天；当环境水具有侵蚀性作用时，至少应延续到混凝土达到设计强度 70% 以上，并应不少于 10 天。

（2）喷洒塑料薄膜养护。喷洒塑料薄膜养护是将塑料养护液喷洒在混凝土表面，几分钟后便可结成一层塑料薄膜，使被养护的混凝土与空气隔绝，有效地防止混凝土中水分蒸发，在不覆盖不浇水的情况下，达到养护的目的。这种方法适用于大面积混凝土施工或缺水养护的困难地带。

塑料养护液有 LP－37 养护液、过氯乙烯养护液。喷涂养护液的设备为空压机、储存养护液的钢容罐、软管及喷枪等，也有用电动喷涂机的。每千克养护液喷 2.5 m^2 为宜。当空压机的工作压力为 0.4～0.5 MPa，容罐工作压力为 0.2～0.3 MPa 时，每分钟可喷洒 15～20 m^2。

养护过程中必须保护薄膜完整，不得有损坏破裂，禁止在养护构件上行走或硬物碰撞，发现损坏应及时修补。塑料薄膜养护，28 天混凝土强度比浇水养护偏低 8% 左右。由于塑料养护液成膜很薄，起不到隔热防寒作用，故夏季要采取防晒措施不少于 24 h，否则容易发生丝状裂纹。冬季施工不宜采用此法。

8. 冬季混凝土施工概述

混凝土的强度增长是由于水泥的水化作用的结果，而温度对水化作用影响很大。温度高，水化热作用进展迅速，混凝土的强度增长就快。而在低温下混凝土强度增长要比常温下慢得多。当温度降到 0℃以下时，水泥的水化作用就基本停止；当温度低于－3℃时，混凝土中 90% 以上的水结冰，这时混凝土的沙、石、水泥和冰就成为一种互不起作用的混合物，强度无法增长。同时由于冻冰后体积膨胀，混凝土将发生不同程度的破坏。（注：硫铝酸盐水泥混凝土情况不同，在负温下强度仍不断增长，但速度减缓。）

试验证明，混凝土受冻后的危害程度，与受冻的时间早晚及混凝土的水灰比有关。遭冻的时间越早，水灰比越大，其强度损失越大，反之则损失小。混凝土强度达到某一数值后再受冻，其后期强度损失在 5% 以内，这时的强度就是临界抗冻强度。掌握临界抗冻强度对防止混凝土早期受冻、制定冬期施工措施是很必要的。

（1）冬期施工的一般规定。当工地昼夜平均气温低于 5℃（每天 6 h、14 h 及 21 h 测定室外温度的平均值）或最低气温低于－3℃时，混凝土工程应按冬期施工办理。

冬期施工的混凝土在遭受冻结之前，其强度（临界抗冻强度）应不低于设计标号的 30%，也不得低于 5 MPa。在充水冻融条件下使用的混凝土，开始受冻时的强度不得低于设计标号的 70%。

有条件时，桥隧及其附属工程宜避免在冬期施工。必须进行冬期施工的工程，应在事前做好准备，如掌握工地的冬季气象资料、备好沙石料并保持干燥，以及备好防寒材料、机具等。

（2）混凝土养护施工方法选择。混凝土冬期施工的养护方法有多种，桥隧大维修工程常用的方法有蓄热法、低温早强混凝土法及暖棚法等。

蓄热法以保温覆盖为主，利用水泥水化热，并根据需要适当将水和沙石预热，以满足热工计算要求的养护方法。当建筑物体积较小或气温较低时，可采用双层模板内加保温材料的措施。

低温早强混凝土法包括掺氯盐、掺亚硝酸钠和掺硫酸钠复合早强剂等措施。

暖棚法指对结构物采取加盖、设帐棚、铺篾席等方法，使其与外部环境一定程度上隔绝，从而达到保暖的效果。

（3）混凝土材料的选择。一般优先采用快硬和水化热较高的水泥，但对大体积混凝土应注意避免因水化热过高而导致产生裂缝。

宜选用较小的水灰比和较低的坍落度，以减少拌和用水。

（4）混凝土拌制及运输中的保温。在冬季条件下拌制混凝土，沙石骨料的温度均应保持在0℃以上，拌和用水应不低于5℃。必要时，应先将拌和水加热。当加热水不能满足拌和温度时，可再将沙、石均匀加热。片石混凝土用的片石也应预热。水泥不得直接加热，可以在使用前运入室内，以提高其温度。

水及沙石骨料的加热温度可根据灌筑温度及混凝土在拌和、运输、灌筑时的热量散失综合考虑，通过实际试拌结果确定。最高加热温度，应不高于表1—2的规定。

表1—2　　　　水、沙、石料及混凝土的允许加热温度

水泥种类	最高允许加热温度（℃）		
	装入拌和机时		卸出拌和机时
	水	沙、石	
矿渣、火山灰及325普通水泥	80	60	40
硅酸盐及425号以上普通水泥	80	60	35

当混凝土坍落度因加热影响而减小，或发生水泥速凝现象时，材料加热温度和混凝土拌和物的温度应适当降低。

水可用蒸汽或其他方式加热，沙石料可用热坑、地炉或封闭的蒸汽管加热。当直接通入蒸汽加热时，应注意含水量变化。

拌和设备均应适当防寒，宜设置在温度不低于10℃的厂房或暖棚内。拌制混凝土前应用热水洗刷搅拌机鼓筒，并应注意将残留的水或冰块排净。

拌和时间应较常温施工适当延长，一般延长50%左右。

混凝土的运输时间应缩短。运输的盛器应有适当防寒措施。

（5）混凝土的灌筑。冬期施工混凝土的灌筑温度，应根据具体保温方法通过热工

计算确定，但在任何情况下均不得低于5℃。细部截面结构的灌筑温度不宜低于10℃。

混凝土灌筑面（接合面）的清理准备工作，应按改变新旧接合面断面形状、在旧基面上提前涂刷纯水泥浆等能够加强新旧混凝土接合面连接强度的方法进行。接合面的状态和温度应与混凝土施工方法相适应。用蓄热法、低温早强混凝土法或其他不对混凝土加热的方法施工时，如在计算的养护期内混凝土不致冻结，对于非冻胀性土壤或旧混凝土可以不加热直接灌筑混凝土。对混凝土进行加热养护时，加热开始后混凝土和地基接触处的温度不得低于2℃。

采用冻结法开挖基底时，要防止灌筑混凝土中途基底融化沉落或漏水，视具体情况采用隔热处理（如超挖0.2 m，换填干沙或卵石或再加铺油毡等）。如基底在冻结线以下，也可采用灌筑一层冷混凝土（掺盐量较大的混凝土）的办法。

混凝土层尽量连续灌筑，避免间断。分层厚度应不少于20 cm，并应采用机械振捣。混凝土相邻两层的灌筑间隙时间应不超过水泥的初凝时间。

当环境温度低于-10℃时，在灌筑混凝土前，应将直径大于或等于25 cm的钢筋和大型金属埋件加热至正温。模板及钢筋上附着的冰雪必须全部清除。

用人工加热养护的整个结构，当混凝土的加热温度在40℃以上时，应适当安排混凝土的灌筑顺序及结构中施工接缝的位置，分段分层浇筑，减小单次混凝土浇筑体积，以防止在结构中产生有害的温度应力。

（6）混凝土的养护。冬季所采用的保温措施，应能保证混凝土在温度下降到0℃以前获得规定的临界抗冻强度。养护期间，如遇气温意外下降，必须及时采用防冻措施。

模板必须严密拼合，模板外面宜铺贴防水层如塑料薄膜等，以免保温材料受潮。

建筑物的隅角及边棱部分应加强覆盖保温；建筑物迎风面应采取适当防风措施。

旧混凝土与新灌筑混凝土接触的部分暴露在冷空气中时，应对距接灌面1.5 m范围内的外露表面适当防寒保温。从混凝土中伸出的外露钢筋或其他钢铁预埋件应在长1.0 m范围内防寒保温。

混凝土灌筑完毕后，应立即防寒保温。在铺设保温材料时，应先铺设防水隔离层，以免损伤或污染新灌筑的混凝土表面。

如果地下水位较高，位于基坑中的混凝土待顶面混凝土初凝后，可用放水养护的方法作为保温措施。但当基坑水位超出混凝土面的高度小于结冰的厚度时，不得采用此法。

解冻回暖后，如果低温早强水泥未达到设计强度，应在气温升至5℃后进行浇水养护。

（7）混凝土的拆模。当混凝土已达到拆模强度要求，并符合临界抗冻强度的规定后，方可进行拆模。

混凝土与外界空气的温差在10℃以上时，拆模后应暂时覆盖混凝土的外露面。拆模时的温差在任何情况下均不得大于15℃。

人工加热养护的混凝土养护完毕后，外界气温如尚在零下，应在混凝土冷却至5℃以下后方可拆除模板和保温层。

（8）混凝土的质量检查。冬季施工时，除按一般混凝土的质量检查进行检查外，尚需做以下五项检测。

1）混凝土拌制和灌筑期间应测定水和沙、石装入搅拌机时的温度、混凝土搅拌和灌筑的温度。每个工作班至少检测4次。同时还应记录气温、风力、雨雪、晴阴等情况，以备查考。

2）混凝土养护期间采用蓄热法养护或低温早强混凝土时，在灌筑3天内应随时检测混凝土的温度，以后可根据气温及结构情况定时检测，每昼夜不少于2次。此外，每昼夜至少检测3次室外温度及环境温度。

3）结构的隅角、细薄部分、突出及迎风部分均需留置测温孔，测温孔均应编号并绘制测温孔布置图。

测量混凝土温度时，温度计应不受外界气温影响，并应在测温孔内至少留置3 min。

冬期施工养护的混凝土温度，应在保温条件最差的部分观测；采用蓄热法养护或低温早强混凝土时，测温孔可设在与模板相接触的混凝土层中，深度为5 ~ 10 cm。采用人工加热时，测温孔应设在离热源较远处或出气口附近。厚大结构中，应在表面孔及深孔内分别测温。

4）冬期施工的试件除按规定制作标准养护试件外，还应根据建筑物养护、拆模和承受荷载的需要，制作施工检查试件，据以查明强度发展情况。施工检查试件的养护条件应与建筑物相同。

5）混凝土冬期施工的各项检测、检查结果，以及养护方法、时间、温度、保温情况等资料，均应有详细记录。

9. 喷射混凝土概述

喷射混凝土是借助于喷射机，利用压缩空气将按一定比例配合的混凝土干料或湿料与速凝剂以高速通过管道和喷嘴，喷射到受喷面（岩石壁面、旧建筑物、模板）上凝结硬化而成的一种混凝土。

喷射混凝土具有速凝、早强、黏结力强和抗渗力好等特点，且施工时不用模板。喷射混凝土能与岩层或旧建筑物紧密结合，与岩层或旧建筑物连成整体，提高其稳定性和强度，防止岩层风化坍塌。因此，使用喷射混凝土可减少衬砌厚度，减少岩石挖掘量，加速施工进度。

喷射混凝土技术在我国修筑铁路隧道、矿山井巷，以及地下工程中已大量采用。20 世纪 80 年代以后又广泛应用于轨道桥梁、隧道的加固和修理工作。

喷射混凝土的原材料见表 1—3。

表 1—3　　喷射混凝土的原材料及规格

材料	规格
水泥	常用普通硅酸盐水泥、快硬硫铝酸盐水泥
细骨料	中沙或粗、中混合沙，含水量宜控制在 5% ~7%，过小则混合料会产生分离，喷出粉尘大，过大时混合料易堵塞管路
粗骨料	坚硬耐久的卵石和碎石均可，以卵石为好。粒径应小于输料管道内径的 2/5。颗粒级配应控制在大于 15 mm 的不超过 15%，5 ~7 mm 的为 25% ~40%，使用前应进行筛洗
外加剂	有速凝剂、减水剂、早强剂等。但应注意与所用水泥相适应。普通硅酸盐水泥掺红星 1 号、711 型、782 型速凝剂 2% ~4%；快硬硫铝酸盐水泥掺用 TS 速凝剂。该速凝剂对硫铝酸盐水泥具有很好的速凝效果

喷射混凝土的配合比应符合强度和喷射工艺要求，可按经验选择后通过试验确定。配合比一般可取灰骨比 1∶4 ~1∶5；水灰比 0.4 ~0.5；沙率 45% ~60%。

速凝剂掺量应通过试验确定，一般为水泥质量的 2% ~4%。锚杆灌浆用的水泥砂浆配合比宜为灰骨比 1∶0.5 ~1∶1；水灰比 0.38 ~0.45，也可用铁道部科学研究院研制的吸水式锚固包来锚固锚杆。

喷射混凝土中水泥与水接触时间短，为使水泥充分水化，需要加强养护。在混凝土终凝后 2 h，即应开始洒水养护。养护日期不得少于 14 天，每日洒水次数以能保持混凝土充分湿润为度。

在锚杆及钢筋网施工中应注意以下五点：

（1）锚杆宜采用 Q345 或 Q275 钢筋，也可采用 Q235 钢筋，直径为 16 ~22 mm，长度一般为 2.0 ~3.5 m，系统布置的锚杆间距不宜超过锚杆长度的 1/2。锚杆眼孔宜比锚杆直径大 15 ~20 mm。

（2）钢筋网一般采用 Q235 钢筋，直径 10 ~12 mm，网格间距一般为 15 ~25 cm，保护层厚度不小于 2 cm。

(3) 灌筑锚杆用的砂浆应拌和均匀、随拌随用，孔眼在灌浆前应用风吹净；灌浆时应从孔底开始，连续均匀地进行。用吸水式锚固包锚固锚杆将更为方便迅速。

(4) 作锚杆用的钢筋应在安装前除锈矫直；安装位置宜居孔眼中心，钢筋插入深度不得小于设计要求的90%，安装后不得敲击、碰撞。

(5) 当岩层面有可能松动脱落时，宜先喷一层混凝土，再进行锚杆施工。

1.2 安全防护知识

学习目标

✓ 能够掌握防护员标准化作业

✓ 能够掌握施工现场安全防护知识

✓ 了解高处作业安全防护知识

✓ 了解油漆作业安全防护知识

知识要求

1.2.1 安全防护概述

安全生产是一项系统工程。企业中任何一个人的工作和任何一个生产环节都会不同程度、直接或间接地影响着安全工作。因此，必须把企业所有人员的积极性充分调动起来，上自企业高层领导，下至班组工人，人人关心安全，全体参加安全管理，通过各方面的共同努力，做好安全管理工作。

1. 安全生产法规

安全生产法规在安全生产中扮演了重要的角色。安全生产法规是指调整在生产经营活动中发生的同从业人员的安全健康、生产资料和社会财富安全保障相联的各种社会关系的法律规范的总和。安全生产法规是党和国家的安全生产方针政策的集中表现。安全生产法规具有较强的科技性、广泛的社会性以及强制性的特征。同时，安全生产法规还有确保从业人员的合法权益，调动从业人员的积极性，促进生产和经济发展、促进社会稳定等作用。

2002年6月29日，全国人大常委会第二十八次会议通过了《中华人民共和国安全生产法》（以下简称《安全生产法》），并于2002年11月1日施行。2014年8月31日第十二届全国人民代表大会常务委员会第十次会议通过全国人民代表大会常务委员会关于修改《中华人民共和国安全生产法》的决定，自2014年12月1日起施行。

《安全生产法》共七章一百一十四条，主要包括总则、生产经营单位的安全生产保障、从业人员的权利和义务、安全生产的监督管理、生产安全事故的应急救援与调查处理、法律责任和附则七个方面。

《安全生产法》第三章“从业人员的权利和义务”中，具体规定了生产经营单位从业人员在安全生产方面的权利和义务。

（1）从业人员的权利

1）生产经营单位与从业人员订立的劳动合同，应当载明有关保障从业人员劳动安全、防止职业危害的事项，以及依法为从业人员办理工伤保险的事项。

生产经营单位不得以任何形式与从业人员订立协议，免除或者减轻其对从业人员因生产安全事故伤亡依法应承担的责任。

2）生产经营单位的从业人员有权了解其作业场所和工作岗位存在的危险因素、防范措施及事故应急措施，有权对本单位的安全生产工作提出建议。

3）从业人员有权对本单位安全生产工作中存在的问题提出批评、检举、控告；有权拒绝违章指挥和强令冒险作业。

生产经营单位不得因从业人员对本单位安全生产工作提出批评、检举、控告或者拒绝违章指挥、强令冒险作业而降低其工资、福利等待遇或者解除与其订立的劳动合同。

4）从业人员发现直接危及人身安全的紧急情况时，有权停止作业或者在采取可能的应急措施后撤离作业场所。

生产经营单位不得因从业人员在前款紧急情况下停止作业或者采取紧急撤离措施而降低其工资、福利等待遇或者解除与其订立的劳动合同。

5）因生产安全事故受到损害的从业人员，除依法享有工伤保险外，依照有关民事法律尚有获得赔偿的权利的，有权向本单位提出赔偿要求。

（2）从业人员的义务

1）自律遵规的义务，即从业人员在作业过程中，应当遵守本单位的安全生产规章制度和操作规程，服从管理，正确佩戴和使用劳动防护用品。

2）自觉学习安全生产知识的义务，要求掌握本职工作所需的安全生产知识，提高安全生产技能，增强事故预防和应急处理能力。

3）险情报告义务，即发现事故隐患和不安全因素应当及时向有关部门报告。

2. 安全生产责任制和三级安全教育

安全生产责任制是企业岗位责任制的一个重要组成部分，是企业安全管理中最基本的一项制度。安全生产责任制根据“管生产必须管安全”“安全生产，人人有责”的原则，明确规定了各级领导、各职能部门和各类人员在生产活动中应负的安全职责。有了安全生产责任制，就能把安全与生产从组织领导上结合起来，把“管生产必须管安全”的原则从制度上固定下来，从而增强了各级管理人员的安全责任心，真正使安全管理纵向到底，横向到边，专管成线，群管成网，协调配合，责任明确。

在生产经营活动中，生产经营单位还应特别注意提高从业人员的安全意识和安全操作水平，对新进单位的从业人员必须做好公司、车间和班组三级安全教育，真正把国家“安全第一，预防为主”的安全生产管理方针落到实处。

3. 职业病的防治与诊断

《中华人民共和国职业病防治法》规定：职业病是指企业、事业单位和个体经济组织的劳动者在职业活动中，因接触粉尘、放射性物质和其他有毒、有害物质等因素而引起的疾病。职业病的分类和目录由国务院卫生行政部门会同国务院安全生产监督管理部门、劳动保障行政部门制定、调整并公布。

职业病防治工作坚持预防为主、防治结合的方针，建立用人单位负责、行政机关监管、行业自律、职工参与和社会监督的机制，实行分类管理、综合治理。劳动者依法享有职业卫生保护的权利。用人单位应当为劳动者创造符合国家职业卫生标准和卫生要求的工作环境和条件，并采取措施保障劳动者获得职业卫生保护。用人单位应当建立、健全职业病防治责任制，加强对职业病防治的管理，提高职业病防治水平，对本单位产生的职业病危害承担责任。

（1）用人单位应当采取的职业病防治管理措施

1）设置或者指定职业卫生管理机构或者组织，配备专职或者兼职的职业卫生管理人员，负责本单位的职业病防治工作。

2）制定职业病防治计划和实施方案。

3）建立、健全职业卫生管理制度和操作规程。

4）建立、健全职业卫生档案和劳动者健康监护档案。

5）建立、健全工作场所职业病危害因素监测及评价制度。

6）建立、健全职业病危害事故应急救援预案。

（2）劳动者应当享有的职业卫生保护权利

1）获得职业卫生教育、培训。

2）获得职业健康检查、职业病诊疗、康复等职业病防治服务。

3）了解工作场所产生或者可能产生的职业病危害因素、危害后果和应当采取的职业病防护措施。

4）要求用人单位提供符合防治职业病要求的职业病防护设施和个人使用的职业病防护用品，改善工作条件。

5）对违反职业病防治法律、法规以及危及生命健康的行为提出批评、检举和控告。

6）拒绝违章指挥和强令进行没有职业病防护措施的作业。

7）参与用人单位职业卫生工作的民主管理，对职业病防治工作提出意见和建议。

用人单位应当保障劳动者行使前款所列权利，不得因劳动者依法行使正当权利而降低其工资、福利等待遇或者解除、终止与其订立的劳动合同。

职业病诊断应当由省级以上人民政府卫生行政部门批准的医疗卫生机构承担。劳动者可以在用人单位所在地或者本人居住地依法承担职业病诊断的医疗卫生机构进行职业病诊断。职业病诊断标准和职业病诊断、鉴定办法由国务院卫生行政部门制定。职业病伤残等级的鉴定办法由国务院劳动保障行政部门会同国务院卫生行政部门制定。

（3）职业病诊断应当综合分析的因素

1）病人的职业史。

2）职业病危害接触史和现场危害调查与评价。

3）临床表现以及辅助检查结果等。

没有证据否定职业病危害因素与病人临床表现之间的必然联系的，应当诊断为职业病。承担职业病诊断的医疗卫生机构在进行职业病诊断时，应当组织三名以上取得职业病诊断资格的执业医师集体诊断。职业病诊断证明书应当由参与诊断的医师共同签署，并经承担职业病诊断的医疗卫生机构审核盖章。

4. 劳动防护用品的配备和使用

劳动防护用品也叫个体防护装备，英文简称为 PPE。生产经营单位应当安排用于配备劳动防护用品、进行安全生产培训的经费。生产经营单位必须为从业人员提供符合国家标准或者行业标准的劳动防护用品，并监督、教育从业人员按照使用规则佩戴、使用。从业人员在作业过程中，应当严格遵守本单位的安全生产规章制度和操作规程，服从管理，正确佩戴和使用劳动防护用品。

1.2.2 防护原则

各种施工必须严格按规定设置防护，未设好防护禁止开工。不得擅自变更防护办法。作业未完、机具没有全部下道、线路未恢复到准许放行列车的条件时，不得撤除防护。

防护员必须由责任心强、视听能力良好、熟悉管内地形和列车运行情况、熟知防护知识、经培训考试合格且有两年以上工龄的职工担任。

施工负责人要携带施工背包，内装3副信号旗、3个号角、12个响墩（单线6个响墩）、1个扳手以短路连接线。凡防护使用的信号备品、通信设备，要保证在使用时性能良好。

施工防护信号的设置与撤除应由施工负责人决定。

1.2.3 防护员标准化作业

防护员必须按规定身着防护服装，带齐防护信号备品，坚守岗位、精神集中、注意瞭望，持证按章防护。如果有事暂时离开岗位时，应有防护合格人员代替。

驻站联络员和工地防护员每天上班前必须与车站运转室校对钟表，并带齐良好的通讯器材和信号备品。

驻站联络员必须在与车站值班员核对确认封锁命令的令号、区间、里程、起止时间及办理有关承认手续后，方可向施工负责人发出准许施工或轻型车辆上道的通知。

驻站联络员必须随时询问车站值班员，勤看控制台的信号显示，切实掌握列车运行情况，及时准确地把列车车次及开车时分通知工地防护员。工地防护员要随时将人员、机械上道时分通知驻站联络员。通话内容双方均需及时登记在施工防护记录簿内。

工地防护员必须严格执行复诵、定时通话（每3~5 min一次）和通话三确认制度（确认对方姓名，确认对方听清及确认机具上道、下道完毕等）。

工地防护员必须及时准确地传达施工负责人的指示命令和驻站联络员的通知。如果遇电话发生故障，工地防护员必须立即通知施工负责人将机具撤出线路，上述工作未完成前，不得撤除停车信号防护。

在施工前或机具下道后的时间内，工地防护员必须经施工负责人同意才能转移和拆除电话。

1.2.4 施工作业登记、消点知识

施工人员进入高架桥桥面作业时，必须提前申请施工计划。桥面施工作业必须在规定的时间区段内完成。若需接触网停电施工作业的，必须提前申请停电施工计划。具体细则如下。

1. 计划编制与申报

（1）季度计划申报。各计划申报单位每季度最后10个工作日前向上级计划管理部门提交下一季度日常、专项与大修作业需求，该需求应包含作业频次、施工内容、施工组织方案、安全措施、影响情况等，由上级计划管理部门进行统筹备案。

（2）周计划申报

1）各单位根据设施设备的日常作业与专项、大修作业要求，结合本单位工作实际，制定本周六至下周五的一周施工作业计划，并提交维保中心/项目公司进行统筹、归并、平衡、评估、协调编制工作。

2）每周二上午9：00，各计划申报单位至总调度所申报各线一周核心施工计划。核心施工是指下一施工周期中优先安排的施工，一般指列车调试、信号调试和专项与大修作业，核心计划一经排定不再变更，各单位应确保核心计划的执行。运营线路每周确保2天人工作业日，遇人工作业日，不安排动车类施工。

3）施工计划会上，计划申报向总调度所施工计划员提交“一周核心施工计划汇总单”。

4）总调度所施工计划员对各计划申报单位核心计划进行协调，最终确定下一周核心施工计划。核心计划一经排定不再变更，各单位应确保核心计划的执行。

5）施工计划会后，各计划申报单位根据确定的一周核心施工计划，上网填写“施工检修申请单”正式申报一周核心计划，申报截止时间为每周三上午9：00，总调度所施工计划员应在每周三12：00前完成一周核心计划的批复、发布工作。

6）核心计划发布完毕后，各计划申报单位进行其他一周日常检修计划申报，申报截止时间为每周四12：00，总调度所施工计划员需在每周五上午12：00前完成施工申请的审批工作，并发布“一周施工检修计划通告”。对于不符合要求的施工计划，应申请注明原因后退回。

2. 抢修施工的申报、审批流程

（1）对于运营期间的下线路紧急抢修，故障设备单位的施工负责人凭总调度所发布的抢修令，可直接到相应车站办理登记要点手续。抢修单位应说明下线路的人数、

拟采取措施、对运营的可能影响、需提供的运营配合，经总调度所当班调度长同意后下线路施工。

（2）对于运营结束后进行的抢修施工，抢修单位施工计划员应填写“抢修施工申请单”，经申报单位副总审定后，向总调度所相关线路控制中心的当班调度长申请，当班调度长审批后发还计划申请单位，并通知相关配合单位配合抢修施工，发布抢修令。

3. 施工检修作业计划变更

（1）施工检修作业周计划原则上不可变更。

（2）因施工组织等原因，需取消施工、变更施工负责人、取消动车、缩小施工时间和作业区段、降低安全措施与防护要求等，计划申报单位应填写“施工计划变更申请单”，经申报单位施工计划管理部门审定后，在施工当日16：00前向总调度所提出计划内容变更申请，在得到总调度所同意批复后，由计划申报单位将变更内容通知相关配合单位。

（3）抢修产生计划变更，应由总调度所计划管理员进行统筹安排，及时通知相关单位。

4. 计划实施过程中各岗位职责

（1）调度员的职责。调度员负责按照施工检修计划组织实施；负责监督施工的实施情况；负责按照施工要求进行设备停送电操作；负责发布施工及动车的调度命令。

（2）施工负责人的职责。施工负责人负责办理施工登记、注销手续；负责施工开始前的作业交底、安全交底，作业过程中的组织、指挥；负责施工作业前安全措施的落实、撤除、检查、签认；完工后，确保现场无工具遗留，人员全部撤离，现场处于安全状态；负责作业过程中与值班员、调度员联系作业有关事项。

（3）车站/运转值班员的职责。值班员负责按照施工检修计划组织施工的实施；负责监督施工的实施情况；负责在站控情况下排列相关列车进路；负责审核施工登记人员的资质；负责办理施工登记、注销手续；负责作业过程中与值班员、调度员联系作业有关事项。

5. 施工登记、注销作业程序

（1）施工检修作业的登记、注销手续，原则上在同一地点办理。

（2）施工申请单上注明的施工负责人应于施工前15 min到达车站，若该项施工作业由多方配合，则配合单位人员也必须同时到达车站。施工负责人核对人员和准备工作全部到位后，凭有效证件（工作证）及已批复的施工申请单原件向车站值班员申请施工要点。

（3）车站值班员在确认施工负责人的身份以及施工申报单上所有项目与施工检修通告一致后，应要求施工负责人在车站施工登记簿上进行统一登记。

（4）车站值班员在施工负责人登记结束后，应将登记内容与施工通告再次核对，确认无误后向调度员申请施工要点。

（5）总调度所调度员在接到车站值班员的汇报后，应根据施工检修计划通告的安排，确认具备施工条件后发布许可作业的施工令号。

（6）如遇需触网停电的施工，调度员在发布施工令号前需确认相关区段的触网已停电完毕。

（7）在得到施工令号后，行车值班员应确认施工负责人登记内容无误，在登记簿内填写施工令号，并向施工负责人明确本项施工作业所在线路区域范围（含触网供电情况），在得到施工负责人知晓的答复后，方可同意施工开始；同时车站值班员通知该项施工涉及区段的两端车站，做好记录及防护。

（8）施工负责人在接到车站值班员的施工许可通知后，凭车站许可的施工作业单，经车站人员确认后进入线路。施工作业负责人应确认作业起止时间及作业范围，在采取必要的安全防护措施后施工作业方可开始。

（9）施工检修作业应在规定时间内进行注销作业，注销前施工负责人应确认工完场清、现场无遗留的施工机具、施工防护措施撤除、具备正常行车作业条件，若施工检修作业中动用了与运营有关的设备，需在施工结束后通知该设备管理单位和使用单位检查确认，试验完好恢复正常运营状态后方可办理施工注销手续。

（10）施工负责人向车站值班员申请注销，车站值班员确认施工结束试验正常后向总调度所汇报，由总调度所发布施工注销命令号码。施工负责人接到注销命令号码后方可离开。登记站值班员应同时通知两端防护站值班员。

（11）因特殊情况不能按时完工时，施工负责人应在原定施工检修截止时间前20 min通过车站值班员与总调度所联系，得到批准后方可延长到许可的作业时间。施工时间的延长仍沿用原施工令号，值班员及调度员应做好施工延长的标注。

（12）所有施工单位应严格按照批复的施工计划起、止时间办理施工登记与注销手续，超过规定时间进行登记的施工调度员有权取消。

6. 异地注销施工的规定

（1）异地注销站必须为实际施工区段内的车站。

（2）如需办理异地注销作业，施工负责人应在施工登记时向登记站值班员说明施工注销地点。施工登记站值班员在向调度员进行施工要点时，需将异地注销情况告知调度员，在得到调度员同意施工的施工令号后，登记站行车值班员应通知注销点行车值班员，两站均须做好施工登记记录。

（3）施工结束后，施工负责人到注销站向值班员申请注销，经调度员同意后下达施工注销号。注销站值班员负责将注销号通知登记站值班员。

7. 调试/工程车施工的作业办法

（1）需相关单位提供车辆或司机配合的动车类施工，配合单位应严格按照配合要求按时提供司机及车况良好的车辆。

（2）正线调试/工程车施工负责人需在动车发车点前20 min做好所有的出发准备工作，通过值班员与调度员确认联系方式、施工时间、地点、内容、动车路径以及施工登记、注销站，行调确认具备动车条件后立即发布列车动车命令，如施工方未按规定时间与调度员联系，当班调度员可取消该施工动车计划。

（3）调试/工程车在进入运营线前，施工负责人必须按规定对列车技术状态进行全面检查，以确保行车和设备安全。

（4）调试/工程车应严格根据调度命令的要求及时发车。如在接到调令后15 min不动车，施工负责人应向调度员说明情况。如无故不动车或严重影响到其他施工的执行，当班调度员可发令取消该施工动车计划。调试/工程车在到达登记点前的运行途中，应严格按照申报计划中的区间运行时分运行，不得延误。

（5）调试/工程车的开行按电话闭塞法或根据调度命令办理，施工单位必须确保调试/工程车按计划运行时间到达施工作业点。动车作业中原则上不得擅自解编。推进运行时须在列车前部设专人引导，遇异常情况立即通知司机停车。调试/工程列车在地面线路运行限速60 km/h，隧道内限速45 km/h，进站限速15 km/h，侧向过岔限速30 km/h。

（6）调试/工程车在到达施工登记站后，由施工负责人至车站控制室办理要点手续。施工结束后，动车需至注销站待命，由施工负责人至车站控制室办理注销手续，后按调令办理。

（7）外单位工程车、转线/转场列车运行必须由所经线路的运营公司的工程车/调试车司机添乘带道。

（8）动车作业必须加强“站调、车调联控”，严格按照调度命令限定的范围运行，动车司机必须加强瞭望，确认线路的运行条件。

8. 施工安全防护

（1）接触网停电施工要求

1）距离接触网小于1 m的施工检修作业须申请接触网停电。

2）行车管理权接管后，接触网停电施工的配合单位为维保中心具有相应资格的人员，做到持证上岗，配合人员与施工负责人之间应执行接地线挂、拆作业的书面签认制度。

3）需维保中心配合的接触网停电施工，施工负责人在得到行调同意的施工登记号后应书面通知维保人员进行相关区段的触网验电、挂接地线。

4）施工负责人在确认施工所需的触网验电、挂接地线等安全措施全部完成后，方可开始施工。

5）接地线应挂在施工作业面两端施工人员可视范围之内，不得超过施工区段范围。

6）施工结束后，施工负责人应及时通知维保配合人员拆除接地线，在确认所有防护措施撤除后，方可办理施工注销手续。

7）停电施工作业过程中发生跳闸短路现象，应保护现场，并立即撤离施工人员。

（2）施工作业过程中如要进行动火作业，必须按照集团相关动火管理规定办理施工动火审批，严禁在无动火证的情况下进行动火作业。

（3）凡需进入线路的施工必须为 2 人及以上，设置专人防护，作业人员必须穿着反光背心，在作业点两端设置安全警示标志，并根据作业性质及作业要求使用其他安全防护用品。

（4）动车作业区域原则上不安排其他施工检修作业。两列或两列以上动车在同一线路同时作业时，相邻动车的安全防护距离至少为两站一区间或一站两区间。

（5）动车作业与人工作业在同一线路同时作业时，人工作业与动车作业的安全防护距离至少为一站一区间。

（6）高架、地面或地下线路中，若相邻线路间无永久性隔离设施，且人工施工作业面距离邻线动车线路中心线小于 4 m，则动车作业区域邻线不安排人工作业。

（7）电客车作业与接触网停电在同一线路同时作业时，电客车作业所在的供电区段与接触网停电区段的安全防护距离至少为一个供电区段。

（8）在线路安全防护要求与接触网安全防护要求同时存在的情况下，应选取较大值。

遇特殊施工需突破相关安全防护原则的，施工单位应在申报计划前向运管中心提出，经（副）总调度长批准后方可实施。

1.2.5　施工现场清理知识

在车站公共区域内施工完毕后现场不得堆放任何材料、工器具及垃圾，在高架桥下区域内施工完毕后，如需第二天连续施工，可将材料及工器具统一堆放，用雨布覆盖，并安排人员看守，材料堆放高度不得超过1.5 m，远离行车道路边缘5 m。

搬运或装卸重物时，应尽量使用机械作业。装卸材料时不得偏卸，卸下物料不得侵入本线或邻线界限。时速大于200 km区段的两线间不得推放料具，大件物料严禁在运行中装卸。

在桥面施工完毕后，对现场进行清理清洁，要求施工后垃圾装袋出场，现场不得有遗留材料、垃圾及工器具。

1.2.6 高处作业安全知识

1. 高处作业类型

高处作业是指在坠落基准面2 m以上（含2 m）有可能坠落的高处进行的作业。生产施工中的高处作业主要包括临边、洞口、攀登、悬空、交叉五种基本类型，都是高处作业伤亡事故可能发生的主要地点。

（1）临边作业。临边作业是指施工现场中，工作面边沿无围护设施或围护设施高度低于80 cm时的高处作业。下列作业条件属于临边作业：

1）基坑周边，无防护的阳台、料台与挑平台等。

2）无防护楼层、楼面周边。

3）无防护的楼梯口和梯段口。

4）井架、施工电梯和脚手架等的通道两侧面。

5）各种垂直运输卸料平台的周边。

（2）洞口作业。洞口作业是指孔、洞口旁边的高处作业，包括施工现场及通道旁深度在2 m及2 m以上的桩孔、沟槽与管道孔洞等边沿作业。

建筑物的楼梯口、电梯口及设备安装预留洞口等（在未安装正式栏杆、门窗等围护结构时），还有一些施工需要预留的上料口、通道口、施工口等。凡是在2.5 m以上，洞口若没有防护，就有造成作业人员高处坠落的危险；或者若不慎将物体从这些洞口坠落时，还可能造成下面的人员发生物体打击事故。

（3）攀登作业。攀登作业是指借助建筑结构或脚手架上的登高设施或采用梯子或其他登高设施在攀登条件下进行的高处作业。

在建筑物周围搭拆脚手架、张挂安全网，装拆塔机、龙门架、井字架、施工电梯、桩架，登高安装钢结构构件等作业都属于这种作业。

（4）悬空作业。悬空作业是指在周边临空状态下进行高处作业。其特点是在操作者无立足点或无牢靠立足点条件下进行高处作业。

建筑施工中的构件吊装，利用吊篮进行外装修，悬挑或悬空梁板、雨棚等特殊部位支拆模板、扎筋、浇混凝土等项作业都属于悬空作业，由于是在不稳定的条件下施工作业，所以危险性很大。

（5）交叉作业。交叉作业是指在施工现场的上下不同层次，于空间贯通状态下同时进行的高处作业。

现场施工上部搭设脚手架、吊运物料、地面上的人员搬运材料、制作钢筋，或外墙装修下面打底抹灰、上面进行面层装饰等，都是施工现场的交叉作业。交叉作业中，若高处作业不慎碰掉物料、失手掉下工具或吊运物体散落，都可能砸到下面的作业人员，发生物体打击伤亡事故。

2. 高处作业安全防护用品使用常识

由于建筑行业的特殊性，高处作业中发生的高处坠落、物体打击事故的比例最大。许多事故案例中，正式由于现场工作人员正确佩戴了安全帽、安全带或按规定架设了安全网，才避免了伤亡事故。事实证明，安全帽、安全带、安全网是减少和防止高处坠落和物体打击这类事故发生的重要措施，被称为安全生产的“三宝”。

（1）安全帽。安全帽是对人体头部受外力伤害（如物体打击）起防护作用的帽子。使用时要注意以下事项：

1）选用经有关部门检验合格，其上有“安鉴”标志的安全帽。

2）使用戴帽前先检查外壳是否破损，有无合格帽衬，帽带是否齐全，如果不符合要求立即更换。

3）调整好帽箍、帽衬（4～5 cm），系好帽带。

4）一般情况下，玻璃钢安全帽的使用期为 3 年半；塑料安全帽的使用期为 2 年半。

（2）安全带。安全带指高处作业人员预防坠落伤亡的防护用品，使用时要注意以下事项：

1）选用经有关部们检验合格的安全带，并保证在使用有效期内。

2）安全带严禁打结、续接。

3）使用中，要可靠地挂在牢固的地方，高挂低用，且要防止摆动，避免明火和刺割。

4）2 m 以上的悬空作业，必须使用安全带。

5）在无法直接挂设安全带的地方，应设置挂安全带的安全拉绳、安全栏杆等。

（3）安全网。安全网是用来防止人、物坠落或用来避免、减轻坠落及物体打击伤害的网具，使用时要注意以下事项：

1）要选用有合格证的安全网。

2）安全网若有破损、老化应及时更换。

3）安全网与架体连接不宜绷得太紧，系结点要沿边分布均匀、绑牢。

4）立网不得作为平网使用。

5）立网必须选用密目式安全网。

3. 高处作业安全要求

施工前，应逐级进行安全技术教育及交底，落实所有安全技术措施和个人防护用品，未经落实时不得进行施工。

高处作业中的安全标志、工具、仪表、电气设施和各种设备，必须在施工前加以检查，确认其完好，方能投入使用。

悬空、攀登高处作业以及搭设高处安全设施的人员必须按照国家有关规定经过专门的安全作业培训，并取得特种作业操作资格证书后方可上岗作业。

从事高处作业的人员必须定期进行身体检查，诊断患有心脏病、贫血、高血压、癫痫病、恐高症及其他不适宜高处作业的疾病时，不得从事高处作业。

高处作业人员应头戴安全帽，身穿紧口工作服，脚穿防滑鞋，腰系安全带。

高处作业场所有坠落可能的物体，应一律先行撤除或予以固定。所用物件均应堆放平稳，不妨碍通行和装卸。工具应随手放入工具袋，拆卸下的物件及余料和废料均应及时清理运走，清理时应采用传递或系绳提溜方式，禁止抛掷。

遇有六级以上强风、浓雾和大雨等恶劣天气，不得进行露天悬空与攀登高处作业。台风暴雨后，应对高处作业安全设施逐一检查，发现有松动、变形、损坏或脱落、漏雨、漏电等现象，应立即修理完善或重新设置。

任何人都不得损坏或擅自移动和拆除安全防护设施和安全标志。因作业必须临时拆除或变动安全防护设施、安全标志时，必须经有关施工负责人同意，并采取相应的可靠措施，作业完毕后立即恢复。

施工中发现高处作业的安全技术设施有缺陷和隐患时，必须立即报告，及时解决。危及人身安全时，必须立即停止作业。

凡是临边作业，都要在临边处设置防护栏杆，一般上杆离地面高度为1.0～1.2 m，下杆离地面高度为0.5～0.6 m；防护栏杆必须自上而下用安全网封闭，或在栏杆下边设置严密固定的高度不低于18 cm的挡脚板或40 cm的挡脚笆。

进行洞口作业时，可根据具体情况采取设防护栏杆、加盖板、张挂安全网与装栅门等措施。

进行攀登作业时，作业人员要从规定的通道上下，不能在阳台之间等非规定通道进行攀登，也不得任意利用吊车车臂架等施工设备进行攀登。

进行悬空作业时，要设有牢靠的作业立足处，并视具体情况设防护栏杆，搭设架手架、操作平台，使用马凳，张挂安全网或采取其他安全措施。作业所用索具、脚手板、吊篮、吊笼、平台等设备，均需经技术鉴定方能使用。

进行交叉作业时，注意不得在上下同一垂直方向上操作，下层作业的位置必须处于依上层高度确定的可能坠落范围之外。不符合以上条件时，必须设置安全防护层。

结构施工自二层起，凡人员进出的通道口（包括井架、施工电梯的进出口），均应搭设安全防护棚。高度超过 24 m 时，防护棚应设双层。

建筑施工进行高处作业之前应进行安全防护设施的检查和验收。验收合格后，方可进行高处作业。

4. 脚手架搭架材料质量安全要求

钢管脚手架应用外径 48 ~ 51 mm、壁厚 3 ~ 3. 5 mm 的钢管，长度以 4 ~ 6. 5 m 和 2. 1 ~ 2. 3 m 为宜，有严重锈蚀、弯曲、压弯成裂纹的不得使用。扣件应有出厂合格证明，凡是有脆裂、变形、滑丝的禁止使用。钢制的脚手板应采用 2 ~ 3 mm 的低碳优质钢板，长度为 1. 5 ~ 3. 5 m，宽度为 230 ~ 250 mm，肋高以 50 mm 为宜，两端应有边界装置，版面应钻有防滑孔。

木脚手立杆有效部分的小头直径不得小于 70 mm，大横杆、小横杆（排木）有效部分的小头直径不得小于 80 mm（60 ~ 80 mm 之间的可双杆合并成单根加密使用）。木杆应采用剥皮杉木和其他坚韧硬木。严禁使用杨木、柳木、桦木、油松和腐朽、折裂、枯节等易折木杆。木质桥板应用厚度不小于 50 mm 的杉木或松木板，宽度以 200 ~ 300 mm 为宜。凡是腐朽、扭曲、斜纹、破裂和大横透节的不得使用。板的两端 80 mm 处应用 8#镀锌铁丝箍绕 2 ~ 3 圈或用铁皮钉牢。

竹脚手的立杆、大横杆、剪刀撑、支杆等有效部分的小头直径不得小于 75 mm，小横杆不得小于 90 mm（60 ~ 90 mm 之间的可双杆合并成单根加密使用）。青嫩、枯脆、裂纹、虫蛀的竹竿不得使用。竹片脚板，板厚不得小于 50 mm，螺栓孔也不得大于 10 mm，螺杆必须拧紧。竹编脚手板，其两边的竹竿直径不得小于 45 mm，长度一般以 2. 2 ~ 3 m，宽度以 400 mm 为宜。

脚手架的绑扎材料可用 8#镀锌铁丝，也可使用直径不小于 10 mm 的麻绳或竹篾。

5. 脚手架搭设安全技术要求

脚手架基础应平整夯实，并有排水措施，以保证地基具有足够的承受能力，避免脚手架整体或局部沉降失稳。脚手架底部必须垫不小于5 cm×15 cm×200 cm的通板，内外立杆加绑扫地杆。杉嵩立杆埋深50 cm，加绑扫地杆。

结构脚手架立杆间距不得大于1.5 m，大横杆间距不得大于1.2 m，小横杆间距不得大于1 m。装修脚手架立杆间距杉篙不大于1.8 m，钢管不得大于1.5 m，大横杆间距不大于1.8 m，小横杆间距不大于1.5 m。

脚手架必须按层与结构拉结牢固，拉结点垂直距离不得超过4 m，水平距离不得超过6 m。拉结所用的材料强度不得低于双股8#铅丝的强度。在拉结点处设可靠支顶。高大架子不得使用柔性材料进行拉结。

脚手架的操作面应铺满脚手板，离墙面距离不得大于20 cm，不得有空隙、探头板和飞跳板。脚手板下层设水平网。脚手板对接应设双排小横杆，两小横杆间距不大于30 cm。

脚手架操作面外侧应设两道护身栏和一道挡脚板或设一道护身栏，立挂安全网，下口封严，防护高度为1.5 m。严禁用竹笆作脚手架。

凡高度在20 m及以上的外脚手架纵向应设置剪刀撑，剪刀撑应随架子同步支搭，以保证架子的稳定性。架子的剪刀撑应从脚手架纵向两端和山墙处搭起，搭设宽度为6根立杆，每隔6根立杆设一组。剪刀撑与水平面的夹角为45°~60°。剪刀撑的底部要插到垫板处，与立杆相交点加扣件。剪刀撑搭接长度不少于60 cm，且在搭接处加至少两个扣件。

脚手架高度在20 m以下时可设置正反斜支撑。

脚手架各杆件相交伸出的端头均应大于10 cm，以防止杆件滑脱。

脚手架操作面的端头处应绑两道防护栏杆。

脚手板非作业层不铺板时，小横杆可部分拆除，要求每步保留，相间抽拆，上下两步错开。抽拆后小横杆之间的距离，结构架子不大于1.5 cm，装修架子不大于3 m。

因施工需要，立杆不能伸到基础时，应经计算在断杆处加八字撑，将此断杆处的力分卸到两侧架子上。

建筑物顶部脚手架需高于坡屋面的挑檐板1.5 m，高于平屋面女儿墙顶1 m，高出部分要绑两道护身栏，并立挂安全网。

特殊脚手架和高度在20 m（含）以上的高大脚手架应有设计方案。高度10~20 m的脚手架搭设前应有措施和交底。

结构用的里外承重脚手架，使用时荷载不得超过2 646 N/m^2；装修用的里外脚手架使用荷载不得超过1 960 N/m^2。

脚手架具的外侧边缘与外电架空线路的边线之间因特殊情况无法保持安全操作距离时，必须采取有效可靠的防护措施。

6. 脚手架拆除安全技术要求

脚手架拆除时应划分区，周围设绳绑围栏或竖立警戒标志。地面设专人指挥，禁止非作业人员入内。

作业人员戴安全帽、系安全带、穿软底鞋才允许上架作业。

拆除时要统一指挥、上下呼应、动作协调。需要解开与另一人有关的结扣时，应先通知对方，以防其坠落。

应遵守由上而下，先搭后拆、后搭先拆的原则，严禁上下同时进行拆除作业。

拆立杆时，先抱住立杆再拆开后两个扣，拆除大横杆、斜撑、剪刀撑时，应先拆中间扣，然后托住中间，再解端头扣。

连墙杆应随拆除进度逐层拆除，拆抛撑前，应采用临时支撑柱，然后才能拆抛撑。

大片架子拆除后所预留的斜道、上料平台、通道等，应在大片架子拆除前先进行加固，以便拆除后确保其完整、安全和稳定。

拆除时严禁撞碰附近电源线，以防事故发生。

拆除时不能撞碰门窗、玻璃、水落管、房檐瓦片、地下明沟等。

拆下的材料应用绳索拴住，利用滑轮放下，严禁抛掷。

在拆架过程中不能中途换人，如果必须换人时，应将拆除情况交待清楚后方可离开。

1.2.7 油漆防火安全知识

1. 一般要求

在油漆作业中应严格遵守操作规程和程序。油漆工不能穿易产生静电的工作服。接触涂料、稀释液的工具应采用防火花型的。浸有涂料、稀释剂的破布、纱团、手套、工作服和使用中能分解、发热自燃的物料应及时清理，防止因化学反应而生热，发生自燃。

2. 油漆现场防火要求

喷漆、涂漆的场所应有良好的通风，禁止一切火源，采用防爆的电气设备，防止形成爆炸极限浓度，引起火灾或爆炸。

禁止与焊工同时间、同部位上下交叉作业。

如需使用脱漆剂，应采用不燃性脱漆剂。若因工艺或技术上的要求必须使用易燃性脱漆剂时，一次涂刷脱漆剂量不宜过多，控制在能使漆膜起皱膨胀为宜。清除掉的漆膜要及时妥善处理。

3. 油漆料库和调料间的防火要求

油漆料库与调料间应分开设置，油漆料库和调料间与散发火花的场所应保持一定的防火间距。性质相抵触、灭火方法不同的品种应分库存放。涂料和稀释剂的存放和管理应符合《仓库防火安全管理规则》的要求。

调料间应有良好的通风，并应采用防爆电器设备。室内禁止一切火源。调料间不应存放超过当日加工所用的原料，不能兼作更衣室和休息室。调料人员应穿不易产生静电的工作服和不带钉子的鞋。应采用不易产生火花的工具开启涂料和稀释剂包装。

理论知识复习题

一、判断题（将判断结果填入括号中，正确的填“√”，错误的填“×”）

1. 城市轨道交通泛指以各种形式的导轨为导向的城市公共客运系统。（　）

2. 墩台材料为钢材的桥梁叫钢桥。（　）

3. 梁的净跨度是沿两岸之间量出相邻墩台边缘的距离。（　）

4. 桥隧建筑物是桥梁、隧道、涵渠、明渠、天桥、地道、跨线桥调节河流建筑物等的总称。（　）

5. 异地注销站必须为实际施工区段内的车站。（　）

6. 梁桥的桥梁长度是指桥台挡墙之间的长度。（　）

7. 施工人员进入隧道作业前应先向行车调度办理要点手续。（　）

8. 行车调度必须在施工人员报告恢复运营条件后方可注销施工点。（　）

9. 矩形隧道结构形式接近地铁建筑限界，结构受力合理。（　）

10. 梁的净跨度是沿两岸之间量出相邻墩台边缘的距离。（　）

二、单项选择题（选择一个正确的答案，将相应的字母填入题内的括号中）

1. 城市轨道交通是（　）的通俗总称。

A. 地铁和火车　B. 地铁和公交　C. 地铁和轻轨　D. 火车和公交

2. 城市轨道交通包括（　）。

A. 地铁、公交、磁浮等　B. 地铁、轻轨、单轨、磁浮等

C. 地铁、火车、轻轨等　　D. 地铁、火车、磁浮等

3. 地铁的基本运营状态包含（　　）状态。

A. 正常运营、非正常运营　　B. 非正常运营、紧急运营

C. 正常运营、紧急运营　　D. 正常运营、非正常运营、紧急运营

4. 地铁线路须为（　　）形式。

A. 全封闭　　B. 半封闭　　C. 开放式　　D. 敞开式

5. 城市轨道交通线路直线地段的标准轨距为（　　）mm。

A. 1 435　　B. 1 432　　C. 1 431　　D. 1 430

6. 以下不属于桥隧建筑物范围内的是（　　）。

A. 桥梁　　B. 车站　　C. 隧道　　D. 涵渠

7. 帕斯卡（Pa）简称帕，它是（　　）。

A. 面积单位　　B. 体积单位　　C. 电学单位　　D. 力学单位

8. 办理要点登记手续，不包括（　　）。

A. 确认施工范围　　B. 确认施工时间段

C. 确认施工内容　　D. 确认施工工法

9. 桥长在 500 m 以上的桥称为（　　）。

A. 特大桥　　B. 大桥　　C. 中桥　　D. 小桥

10. 梁桥桥台挡墙之间的长度称为（　　）。

A. 梁的全长　　B. 桥梁全长　　C. 桥梁长度　　D. 桥孔总长

理论知识复习题答案

一、判断题

1. √　2. ×　3. ×　4. √　5. √　6. √　7. √　8. √　9. √
10. ×

二、单项选择题

1. C　2. B　3. D　4. A　5. A　6 . B　7. D　8. D　9. A　10. C

第 2 章

桥梁作业

2.1 桥面作业

学习目标

✓ 掌握桥面铺装层的养护维修
✓ 掌握桥面伸缩缝的养护维修
✓ 掌握桥面排水设施的养护维修
✓ 掌握各类盖板安装标准

知识要求

2.1.1 桥面铺装层的养护维修

1. 桥面铺装概述

（1）桥面铺装层也称桥面保护层，主要功能是保护主梁免受雨水侵蚀，防止车辆轮胎或履带直接磨耗桥面板，以及分布车轮的集中荷载。桥面铺装是桥梁日常养护工作的重点，其好坏直接影响行车的舒适、畅通与安全，必须认真做好桥面铺装的日常养护工作。

（2）桥面铺装常采用水泥混凝土或沥青混凝土。随着科学技术的发展，最近几年也出现了钢纤维混凝土铺装和改性沥青与 SMA（沥青玛𤧛脂混合料）铺装。水泥混凝土铺装层从上至下主要由水泥混凝土（厚 6 ~ 8 cm）、钢筋网、防水层（总厚 1 ~ 2 cm）、混凝土整平层等几部分组成。沥青铺装层从上至下主要由沥青混凝土（厚5～8 cm）、带钢筋网的混凝土保护层（厚3～5 cm）、防水层（总厚1～2 cm）、混凝土找平层等组成。钢纤维混凝土铺装层从上至下主要由钢纤维混凝土、钢筋网、防水层、混凝土找平层等组成。常用的改性沥青可分为合成橡胶类和塑性体类两类。SMA是一种由沥青、纤维稳定剂、矿粉及少量的细集料组成的沥青玛瑞脂填充间断级配的粗集料骨架间隙而组成的沥青混合料。以钢桥面铺装为例，改性沥青与SMA铺装从上至下主要由铺装层上面层、黏层油、铺装层下面层、黏层油、防水层、黏结层、钢板防锈层等几部分组成。其中，最重要的是铺装层、防水层和防锈层。黏层油和黏结层不是独立的层次。

（3）桥面铺装一般不做受力计算。为使铺装层具有足够的强度和良好的整体性（能起联系各主梁共同受力的作用），一般宜在混凝土中设置直径为4～6 mm的钢筋网，受力钢筋的保护层厚度为3～5 cm。

（4）桥面防水层。铁路桥隧建筑在20世纪50—70年代普遍采用热沥青麻布防水层。20世纪80年代以后，丰台桥梁厂和有关单位研制成的“二布三涂”和“薄膜加筋”冷作防水层已得到了广泛的应用。

热沥青防水层分为甲种防水层和乙种防水层，其适用范围及标准要求见表2—1和表2—2。

表2—1　　　　甲种防水层适用范围及标准

适用范围	钢筋混凝土T梁、钢筋混凝土拱桥、预应力梁、石砌或混凝土块砌拱桥的道碴槽及桥台混凝土道碴槽	
标准要求	垫层	厚度小于5 cm用100号砂浆，厚度大于5 cm用贫混凝土，但混凝土用碎石粒径不大于垫层厚度的1/4
	底层	垫层上涂沥青漆两度
	防水层	按顺序铺石棉沥青一层，沥青浸制麻布一层，石棉沥青一层
	保护层	铺3 cm厚沥青混凝土（或1 cm厚沥青砂胶）一层或采用4 cm后水泥砂浆加钢丝网保护层

表2—2　　　　乙种防水层适用范围及标准

适用范围	素混凝土拱桥及桥台上素混凝土道碴槽，以及西北雨水极少地区或其他在防水材料缺乏情况下，原应铺甲种防水层者	
标准要求	垫层	同甲种防水层
	保护层	铺1 cm厚沥青砂胶一层

冷作防水层通常有两种结构的规格，一种为“二布三涂”，另一种为“薄膜加筋”。“二布三涂”为由两层中碱玻璃纤维布和三层再生橡胶沥青防水涂料组合而成。“薄膜加筋”为由聚乙烯薄膜、中碱平纹玻璃纤维布、再生橡胶沥青防水涂料经专用设备热粘复合而成的一膜一布两涂柔性防水卷材。冷作防水层最大优点是使施工现场减少了熬制沥青的工序，改善了环境，改善了工人的劳动条件，加快了施工进度。

2. 水泥混凝土铺装层的主要缺陷及维修方法

在城市轨道交通桥隧建筑上，水泥混凝土铺装较为普遍，其耐磨性能好，适合重载交通，但也有养生期长、修补麻烦的缺点。

（1）水泥混凝土铺装层的主要缺陷

1）裂缝。铺装层有网裂、纵横缝等。

2）脱皮、露骨。铺装层表层脱皮或局部破损露骨。

3）高低不平。铺装层表面有凹陷或隆起，不平整。

4）磨光。铺装层被行驶的车辆磨耗，形成平滑状态。

裂缝中最为常见是裂纹。裂纹可分为大面积裂纹和局部裂纹两类。大面积裂纹一般呈均匀分布的龟状细裂缝，通常是在水泥混凝土板铺装过程中，由于表面整修收水不当、气温较高、养护不周等原因导致混凝土板表面因失水过快而引起的表面收缩裂缝，这种裂缝一般只是深入混凝土表面几毫米，不会随时间延长而发展。另外，由于混凝土材料的不稳定，如采用的材料产生了碱集料反应等原因，也会引起铺装层大面积的开裂，裂缝呈不规则状况，有些会引起翘曲等。局部裂缝一般分施工时产生的初期裂缝和使用后产生的纵横向裂缝、板角裂缝及结构附近裂缝等几种。纵横方向和板角处的裂缝均为贯通裂缝。初期裂缝产生的原因一般是水泥混凝土硬化过程中表面砂浆沉降开裂及早期混凝土塑性收缩而产生的开裂，其长度一般为数厘米到数十厘米。

（2）当水泥混凝土铺装层出现裂缝、脱皮、露骨、高低不平或磨光等缺陷，通常可用以下方法进行维修。

1）原结构凿补。将原水泥混凝土铺装层的表面凿毛，并尽可能深一些，使骨料露出，用清水冲洗干净并充分湿润，再涂刷上同强度等级的水泥砂浆（或其他黏结材料），最后铺筑一层 4 ~ 5 cm 厚的水泥混凝土铺装层（在桥梁荷载能力容许的前提下）。

2）全部凿除，重筑铺装层。桥面铺装层如已严重损坏，可采用全部凿除、重筑铺装层的方法修补。新铺的面层可采用普通水泥混凝土，也可采用钢筋混凝土等其他材料。对于钢筋混凝土桥，一般宜用标号为 C30 的混凝土；对于预应力桥，一般宜用标号为 C40 的混凝土。桥面重新铺装的铺装层厚度宜采用 10 ~ 12 cm。

2.1.2 桥面伸缩缝的养护维修

1. 桥面伸缩缝概述

伸缩缝是为解决圬工结构热胀冷缩而设置的，可保证上部结构自由伸缩，并能承受车辆荷载。同时，伸缩缝应具有经久耐用、良好的平整度、防水、防尘等功能，且便于养护更换。

（1）伸缩缝的构造。按跨缝材料不同，目前常用的伸缩缝的构造形式有锌钢板伸缩缝、钢板伸缩缝和橡胶伸缩缝三种。

1）锌钢板伸缩缝以锌铁皮为跨缝材料，施工时使用单层或双层的锌铁皮弯制成断面呈 U 形的长条，锌铁皮可以是单层也可以是双层，沿桥的横向嵌设于缝内，其两边与两侧混凝土梁或梁与桥台雉墙顶面固定在一起。U 形槽内用软性防水材料如沥青胶等填充。该伸缩缝构造简单，一般适应于中等跨径的桥梁。

2）钢板伸缩缝又称钢制支撑式伸缩缝，因为是用钢材装配制成的，所以能直接承受车轮荷载。钢板伸缩缝的形状、尺寸和种类较多。对于梁变形量较小的桥梁，常采用钢板叠合型，即用一块厚度约为 10 mm 的钢板覆盖在断缝上，钢板的一边焊在锚固于桥面的角钢上，另一边可沿着对面的角钢自由滑动。该伸缩缝适用于梁变形量较小的桥梁。当变形量大、交通量更大时，可采用梳形钢板伸缩缝。这种装置结构本身刚度较大，抗冲击力强，因此在工程中广泛采用。

3）橡胶伸缩缝是利用橡胶材料剪切模量低的原理设计制造而成的，即在剪切型橡胶伸缩体设上、下凹槽，依靠上下凹槽之间的橡胶体剪切变形来满足梁体结构的相对位移。橡胶伸缩体内预埋钢板，跨越梁端间隙承受车辆荷载。另外在橡胶伸缩体两侧预埋两块锚固钢板，通过螺栓与梁端连接形成整体。

橡胶伸缩缝是一种刚柔结合的装置，它承受荷载之后，有一定的竖向刚度，具有跨越间隙能力大（伸缩量大）、行车平稳的优点。国外相关产品最大伸缩量已达到 330 mm。目前华东地区城市轨道交通高架桥梁的设计伸缩量在 2 ~ 6 cm。

（2）伸缩缝与沉降缝的区别。在认识桥梁伸缩缝时，应注意其与沉降缝的区别。伸缩缝是用来解决由于热胀冷缩而产生的伸缩问题。沉降缝是用来解决圬工结构因基础不均匀沉降而发生的上下错动问题。所以沉降缝自墙身至基础都是直通的，留缝的距离也与基础地质有密切关系，如土石分界处，必须设置沉降缝。

（3）伸缩缝的设置要求

1）伸缩缝的宽度一般为1～2 cm，中间填塞沥青浸制的麻筋、木板或其他具有弹性的材料。

2）伸缩缝的位置和构造必须符合设计要求。

3）缝口要直，不能歪斜扭曲。否则，将起不到应有的伸缩作用。

4）伸缩缝应具有较好的防水作用，不应有漏水或漏土现象发生。

2. 桥面伸缩缝的常见缺陷

伸缩缝的常见缺陷因其构造形式的不同而有所区别。

（1）锌铁皮伸缩缝的常见缺陷。锌铁皮伸缩缝使用多年后均有损坏现象，其表现如下：

1）软性防水材料如沥青砂或聚氯乙烯胶泥等老化、脱落。

2）伸缩缝凹槽填入其他硬物，不能自由变形。

3）锌铁皮上压填的铺装层如水泥混凝土或沥青混凝土等断裂、剥离。

4）伸缩缝上后铺压填部分发生沉陷，高低不平。

5）由于墩台下沉，出现异常的伸缩，车辆行驶时出现冲击及噪声。

（2）钢板伸缩缝（包括梳形钢板伸缩缝）的常见缺陷如下：

1）角钢与钢筋混凝土锚固不牢，使钢板松动，在车辆行驶时受到冲击振动，加速了破损。

2）缝内塞进石块或铁夹物，使伸缩缝接头活动异常，不能自由变形。

3）排水管发生破坏损坏或被土沙堵塞。

4）表面钢板焊接部位破坏损伤。

5）梳形钢板伸缩缝在梳齿与承托板的焊接处出现裂缝，更严重者出现剪断现象。

（3）橡胶伸缩缝的常见缺陷。橡胶伸缩缝是近年来在国外广泛采用的构造。国内采用的橡胶伸缩缝构造虽不复杂，但还不适应较大变形量的要求。其常见缺陷如下：

1）橡胶条破坏损伤。

2）橡胶条剥离。

3）橡胶嵌条连接部位漏水。

4）锚固构件破损、锚固螺栓松脱。

5）伸缩缝构造部位下陷或凸出。

6）车辆行驶时不适，发生噪声。

3. 桥面伸缩缝缺陷产生的原因

伸缩缝产生缺陷的原因是多方面的，但主要原因是交通量增大，车辆对伸缩缝的冲击次数也显著增大，因此设计、施工上只要稍有缺陷就会很容易导致损坏。

（1）设计缺陷

1）有些桥梁结构的桥面板的刚度不足，当桥面板受到汽车荷载作用时，因翼板较薄、横向联系较弱，导致桥面板变形过大。

2）很多设计是将伸缩装置的锚固件置于桥面铺装层中，与主梁（板）连接的部分很少，这些锚固方法在荷载作用下容易造成开焊、脱落，而且力的分布不容易传递，微小的变形可能演变成大的位移，最终导致混凝土黏结力的失效。

3）伸缩量计算不准确，没有考虑到安装时的实际温度对伸缩装置的影响，导致伸缩装置无法或很难调整初始位移量，不能满足安装温度对位移的要求。此时未能及时换用更适合的型号，这是造成伸缩装置破坏的重要原因。

4）设计上未对伸缩装置两侧的后浇混凝土和铺装层材料的选择、配合比、密实度和强度提出严格要求或规定。

5）设计大跨桥、斜桥、弯桥等时没有形成与一般的梁（板）结构相符合的构造形式和锚固方法。

6）使用黏结材料、橡胶材料等新形式的伸缩装置时，未能正确选择构造和材料，且防水、排水设施不完善。由于漏水，锚固件受腐蚀，梁端和支座侵蚀严重，多成为破坏的原因。

（2）施工缺陷

1）对桥梁伸缩缝装置施工工艺要求重视程度不够，未能严格掌握施工工艺标准，未能按安装工序进行施工。

2）锚固件焊接质量不能保证，只注意表面，忽视内部质量标准要求。

3）后浇混凝土（或其他填充料）浇筑不密实，达不到设计的强度要求，出现蜂窝、空洞等缺陷，难以承受车辆荷载的强烈冲击。

4）为了赶工期，草率从事，放松了伸缩装置的施工质量，甚至不按设计图纸要求施工。

5）伸缩装置两侧混凝土和沥青混凝土铺装层结合不好，碾压不密实，形成两张皮，容易产生开裂、脱落，最终引起伸缩装置的破坏。

6）缺乏统一的质量验收标准。

（3）管理维护缺陷

1）平常对在伸缩装置的沙土、杂物未能及时认真地清扫，使原设计的伸缩量不能保证。

2）原有桥梁逐渐老化，维修又不充分，因此破坏不断扩展。

3）桥梁超载情况不能得到有效控制，特别是夜间缺乏管理，车辆不按规定行驶，超载车辆自行上桥，也对桥梁伸缩装置的有效使用和耐久性造成严重威胁。

4. 桥面伸缩缝的养护维修

（1）伸缩缝的日常检查。桥面伸缩缝是最容易遭破坏而又相对难以加强和修复的部位。如果置小破损于不顾，势必会发展成严重的破坏，不仅严重影响交通，甚至危及行车安全。所以，注意做好日常检查、养护等工作，及时进行修补，是非常重要的。

有计划地、有组织地做好经常性的检查工作可以尽早发现问题，避免因小的损坏而演变成大的破坏。日常检查工作主要包括：伸缩缝是否堵塞、挤死、失效；各部分的构件是否完好；锚固连接是否牢固，连接件是否松动；有无局部破损；密封橡胶带是否老化、失去弹性、异常变形或开裂；伸缩缝是否有不正常的响声或异常的伸缩量；伸缩缝各基本单元间隙是否均匀；钢构件是否锈蚀、变形；伸缩缝处是否平整等。

为便于养护维修，对检查应做好记录，建立检查记录档案。

（2）伸缩缝的养护。桥面伸缩缝要经常养护，使其正常发挥作用。日常养护工作的主要内容有清除碎石、泥土杂物；拧紧螺栓，并加油保护；修理个别损坏部分等。若有损坏或功能失效要及时修理或更换。

养护U形锌铁皮伸缩缝要防止杂物嵌入，若锌铁皮老化、开裂、断裂，应拆除并更换为新型伸缩缝。

养护钢板伸缩缝或梳形钢板伸缩缝，应及时清理梳齿间的杂物，拧紧连接螺栓。若钢板变形、螺栓脱落、伸缩不能正常进行时应及时拆除更换。

橡胶条伸缩缝若发生橡胶条老化、脱落、固定角钢变形、松动，应及时拆除更换。

板式橡胶伸缩缝若发生橡胶板老化、预埋螺栓松脱、伸缩失效，应及时拆除更换。

（3）伸缩缝的维修。修补前应查明原因，采用与之相适应的、行之有效的修补方法。依据缺陷的程度，有的部分修补，有的部分更换，有的甚至需要全部更换。

锌铁皮伸缩缝的软性填料老化脱落时，应在充分扫清原缝泥土后重新注入新的填缝料。如果铺装层破坏，要凿除重新铺筑。凿除破损部位要画线切割，清扫旧料后再铺筑新面层。采用混凝土浇筑时，要采用速凝水泥并注意新旧接缝要保持平整，对铺筑部分要加以初期养护。

钢板伸缩缝的钢板与角钢焊接破裂时，应清除污垢后重新焊牢。如果梳齿断裂或出现裂缝后，也要采取焊接方法进行修补。排水沟如发生堵塞，应及时予以清除。

伸缩缝的更换要选型合理，应满足桥跨结构对于温度、混凝土收缩和混凝土徐变的需要，才能使行车平稳、不漏水。对于中小跨径桥梁，位移小于 50 mm 时，可选用弹塑体填充式伸缩缝；位移大于 50 mm 小于 80 mm 时，可选用浅埋式单缘型钢伸缩缝或弹塑体填充式伸缩缝；对于大位移量桥跨结构，可选用结构性能好的大位移组合伸缩缝（如毛勒缝）。

2.1.3 桥面排水设施的养护维修

1. 桥面排水设施的设置要求

为确保道路桥梁的正常运营，必须迅速排除桥面上的雨水，防止雨水渗入梁体引起锈蚀而影响桥梁的耐久性和稳固性。因此，除了在桥面铺装内设置防水层外，还应设置排水设施。桥面排水设施主要包括桥面纵坡、桥面横坡和一定数量的泄水管。

（1）桥面纵坡。通常当桥面纵坡大于 2% 而桥长小于 50 m 时，一般能保证雨水从桥头引道上排水，桥上可以不设泄水管。此时可在引道两侧设置流水槽，以免雨水冲刷引道路基。

当桥面纵坡大于 2% 而桥长大于 50 m 时，为防止雨水积滞桥面就需要设置泄水管，每隔桥长 12 ~ 15 m 设置一个。

当桥面纵坡小于 2% 时，泄水管就需要设置更密一些，一般每隔桥长 6 ~ 8 m 设置一个。

（2）桥面横坡。桥面一般应保持 1.5% ~ 3% 的横坡，以利于桥面排水。

（3）泄水管。泄水管的过水面积通常按每平方米桥面上不小于 2 cm^2。泄水管可沿车行道两侧左右对称排列，也可交错排列。泄水管离缘石的距离为 10 ~ 50 cm。泄水管下端应露出上部结构底面 5 ~ 10 cm。城市轨道交通高架桥梁的泄水管管径一般不小于 110 cm。

桥梁上常用的泄水管有竖向泄水管道、横向泄水管道和封闭式泄水管道等形式。制造泄水管道的材料一般为铸铁、钢、钢筋混凝土和塑料等。当桥长较短时，纵向（与线路平行方向）排水管的出水口可以设在桥梁两端的桥台处。长大桥除了在桥台处设置出水口外，还需在某些桥墩处布置出水口，并利用竖向（与地面垂直方向）排水管将水引到地面。纵向排水管道一般可设在箱梁中或梁肋内侧；竖向排水管道应尽可能布置在墩台壁的预留槽中，或布置在桥台内部预留孔道中。

2. 桥面排水设施的常见缺陷与危害

桥面排水设施的常见缺陷有桥面积水管、泄水管堵塞、泄水管被截断导致水流方向改变等，这些缺陷将导致桥面积水。钢筋混凝土桥梁的桥面积水会使雨水渗入混凝土的细小裂缝中，对混凝土产生破坏而缩短其使用寿命，同时水分还会使钢筋锈蚀。钢桥的桥面积水将会加速对梁体表面的侵蚀，使钢梁表面锈蚀。

3. 桥面排水设施的检查与养护

（1）排水设施的检查。应经常检查桥面是否有坑槽，是否有积水；泄水管是否完好、畅通；泄水管的盖板是否损坏，丢失；管口是否被杂草或石块堵塞；管体有无脱落，管口处有无泥石杂物堆积，出水口是否畅通；桥头排水功能是否完好等。

（2）排水设施的养护

1）桥面要经常清扫，使其保持整洁。桥面不得有凹凸不平，如果发现桥面有坑槽，应及时进行修补，避免积水。

2）泄水管盖板（进水管口处）上的杂物应及时清除，避免杂物掉入管内堵塞管道而影响排水。

3）若发现泄水管出水口处有泥石杂物堆积，应及时清除掉。

4）泄水管应经常进行疏通。

5）当发现泄水管损坏时要及时修补，接头不牢已掉落的要重新接上，损坏严重的要予以更换。

2.1.4 各类盖板的安装标准

桥面设备的盖板按厚薄一般可分为薄板、中板、厚板和特厚板四种。一般将厚度为0.2～4 mm的钢板称为薄板，厚度为4～20 mm的钢板称为中板，厚度在20～60 mm的钢板称为厚板，厚度大于60 mm的钢板需要在专门的特厚板轧机上轧制，称为特厚板。

盖板按用途主要分为电缆槽盖板和窨井盖板。安装盖板时要注重安装质量，要特别注意尺寸准确，并确保安装坚固，开启方便，外表清洁、美观。

技能要求

清理桥面伸缩缝作业

操作要求

通过多种工具能熟练掌握清理桥面伸缩缝作业。

1. 工具材料

锤子、长毛刷、钢丝板刷、铲刀、泥板、（扁、尖）錾子、蛇皮袋、棉纱。

2. 劳动保护用品

手套、防护眼镜、安全帽、安全带、口罩。

操作步骤

步骤 1 正确使用锤子、錾子、铲刀、钢丝板刷对桥面伸缩缝上部表面黏着大块泥沙垃圾进行清理，使其表面无泥沙露出。

步骤 2 正确使用长毛刷、回丝对桥面伸缩缝上有油污的地方进行擦刷清理，使其表面干净清洁。

步骤 3 垃圾装袋牢固，防止散落。搬运过程中作业手脚安全，

注意事项

1. 桥面伸缩缝清理工作是必须安排施工点进行施工的，工作人员必须听从施工负责人的安排，在施工点下来后方可进线路作业。

2. 作业过程中注意安全，必须带好防护眼镜及口罩，无违章作业。

3. 作业完毕，工完料清，注销施工点。

更换各类盖板作业

操作要求

1. 表面清理无污物，洞口边缘清除干净。

2. 旧板拆除完好。

3. 新板安装到位牢固，注意小心轻放。

操作步骤

步骤 1 表面清理，使盖板作业的表面清理无污物，洞口边缘清除干净。

步骤2 尺寸测量，测量盖板大小尺寸。

步骤3 旧板拆除，把旧盖板拆下来。

步骤4 按规定尺寸调整新板并安装。

2.2 桥跨作业

学习目标

✓ 掌握防止钢梁锈蚀的主要方法

✓ 掌握钢材的锈蚀等级和除锈等级

✓ 了解喷射、手工不同的除锈等级

知识要求

2.2.1 桥跨钢结构表面清理

桥跨钢结构构造复杂，是桥跨维护中的重点对象。桥跨钢结构的除锈和涂装在桥跨钢结构养护中占有基础而又重要的地位。特大桥钢梁的保护涂装工作一般要占全部桥跨作业工作量的50%左右。搞好钢结构保护涂装，一方面要理解锈蚀的机理，另一方面要抓好钢结构表面清理、涂料选择和涂装工艺。

1. 钢梁锈蚀的原因

钢铁受到大气中所含的氧气、水分、盐类、二氧化碳、二氧化硫、氮的氧化物等酸性物质及具有化学活泼性物质的作用，发生化学的或电化学的变化，这种现象称为钢铁的腐蚀。这些变化在钢铁表面产生的松散堆积物（氢氧化铁），也就是常说的铁锈。

钢铁腐蚀分为两种：

（1）化学性腐蚀。所谓化学性腐蚀，就是大气和工业废气中所含的氧气、硫酸气、碳酸气或非电解质的液体与钢铁表面作用而引起的变化。它是在没有电流产生的情况下发生的腐蚀。

（2）电化学腐蚀。钢铁内部含有不同程度的其他金属杂质，不同的金属具有不同的电极电位，它们互相接触，在有水分和电解质存在时，就会出现电位差，从而产生电流，这时失去正电荷离子的金属便被腐蚀。这种伴有电流的腐蚀过程称为电化学腐蚀。

2. 钢结构易锈蚀的部位及其危害

钢梁容易锈蚀的部位如下：

（1）有氧化皮处。氧化皮常被人们所忽视，实际上危害很大。钢梁上使用的钢材一般都是热轧钢，其表面都附着一层很薄的氧化铁皮（下称氧化皮）。一般氧化皮由三层不同的氧化铁所组成，从钢铁表面开始，越往外含氧化量越多。最外层氧化物疏松多孔，易于吸附水分及其他有害物质而加剧钢材锈蚀；最内层，即氧化铁和钢层之间，是含少量氧的混合层。如果较厚的氧化皮固着在钢材表面而不脱落，将对钢材表面起到保护作用。然而，由于钢桥的各部杆件都需经过截断、焊接、弯曲、矫正、拼装，且长期暴露在大气中使用，易受物理变化（温度变化、体积变化、塑性变化等）和化学变化（组成变化等）影响而使氧化皮松弛并逐渐剥落，露出钢料表面。氧化皮剥落所露出的钢料表面和剩余的氧化皮之间发生电位差，更加速钢料锈蚀。

另外，氧化皮对钢梁油漆也不利，它会降低漆膜的附着力，使漆膜大块剥落。所以钢梁在喷涂前，一定要把氧化皮除尽。

（2）钢梁上盖板。钢梁上盖板通风不良，经常积水，不易干燥，还经常受到机车车辆上洒下的各种油、酸、碱、盐等有害物质的反复侵蚀。车轮通过桥枕时会对盖板产生冲击和摩擦，使漆膜损坏，从而过早地失去防护能力；同时，桥枕防腐油中的化学物质也会侵蚀漆膜，因此上盖板很容易锈蚀。所以钢桥，尤其是长大钢桥应经常保持桥面及上盖板的清洁。

（3）缝隙及角落隐藏处所。板束缝隙及角落隐藏处所，由于排水不良、通风不好、积尘积水、施工困难等原因，容易造成锈蚀。

（4）有害气体及电解溶液反复侵蚀处。钢桁梁的上平纵联及桥门架的顶部常受机车排出的废气侵袭，钢梁下翼缘易受河水蒸发的有害气体侵袭而发生化学腐蚀。纵横梁下翼缘、肱板及下平纵联联结板等处最易受到列车洒下的污物的侵蚀而发生电化学腐蚀。

（5）易积水和污物处。钢桁梁 H 形杆件、所有梁的上盖板及下翼缘朝天面与节点平面等处所容易积水和积污物，因而也容易腐蚀。

（6）已有锈蚀处。由于锈块疏松多孔，易于吸附水分，当锈层未除尽或已有锈蚀的处所遭受介质侵蚀时，锈蚀会加速并向内层和四周扩展。

（7）施工不良处。例如钢料表面凹凸不平处所（凸处漆膜较厚，凹处不易涂实）和边缘、棱角等处漏涂或漆膜过薄处所都易锈蚀。

钢结构锈蚀的危害性主要表现在以下几方面：①造成钢梁杆件断面削弱；②造成钢结构联结松弛；③降低钢结构的承载能力；④缩短钢结构的使用年限；⑤钢结构锈蚀严重者，将危及行车安全。

3. 防止钢梁锈蚀的主要方法

防止钢梁锈蚀的方法，目前广泛采用的是喷涂油漆，有时也配合以喷镀金属（如喷锌）或磷化处理（形成磷酸盐保护膜）等增强其防护能力。油漆防锈的基本原理是使钢料与气体和水分等介质隔绝，避免化学腐蚀和电化学腐蚀的产生，从而达到防锈的目的。

油漆除有防止钢梁锈蚀的功能外，还具有如下特点：

（1）能在任何形状的钢梁表面上形成薄膜，而且附着牢固。

（2）能随钢梁因温度变化的胀缩而胀缩。

（3）漆膜不会给钢梁增加很大的质量。

（4）使用方便，既可机械喷涂，也可手工涂刷。

（5）能给钢梁表面增添协调大方的色彩。

此外，防止钢梁锈蚀的方法还有：①选择耐候、耐腐蚀的合金钢；②钢料表面喷镀锡、铬、铝等金属；③用化学处理钢料表面，如氧化、铬化等；④钢料表面喷镀塑料、搪瓷或采用阳极保护等。这些方法有的价格昂贵，有的施工复杂，对桥梁这样的大型建筑物是不适宜的。

4. 漆膜失效的检查鉴定方法

漆膜粉化、露底、裂纹、剥落、吐锈等都是漆膜失效的现象。漆膜失效的检查鉴定方法如下。

（1）肉眼观察。明显的面漆粉化、露底或龟裂、起泡、剥落、锈蚀等是容易发现的，但细小的裂纹及针尖状的吐锈等不容易被发现，可借助放大镜检查。另外，如漆膜表面有不正常的鼓起（角落部位用光照射有凹凸不平时），下面可能有锈蚀。

（2）用手触摸。用手指揩擦漆膜表面，如果有粉末沾手，表示漆膜粉化。角落隐蔽部位如果手摸感到粗糙，凹凸不平，可能有锈蚀存在。

（3）刮膜检验。对于有怀疑的部位，可铲除表面漆膜检查钢料是否锈蚀。有脱皮处可用刮刀检查其失效范围：如果用刮刀铲起漆膜，漆膜成刨花状卷起、底漆色泽鲜艳为良好；如果漆膜用刮刀一触即碎或呈粉末状，底漆色泽暗淡，或一并带起，说明漆膜已经失效或接近失效。

（4）滴水检验。在漆膜表面喷水，如果水珠很快流淌，无渗透现象，则漆膜完好，如果水很快往里渗透或扩散，则表示漆膜粉化，渗水的深度即为漆膜失效的厚度。

5. 手工除锈与喷砂除锈

涂装前钢表面处理是涂装体系中非常重要的环节，只有钢表面处理达到标准，才能保证涂料与钢表面有良好的附着力，保证涂层与钢表面的整体性。根据《铁路钢桥保护涂装及涂料供货技术条件》（TB/T 1527－2011）要求，在喷涂油漆前，对钢梁进行彻底除锈是很重要的。目前常用手工除锈和喷砂除锈两种方法。

（1）手工除锈，即利用工具手工除锈。

1）刮刀。刮刀用弹簧钢、工具钢或合金钢头加工锻制而成，两端或一端弯成直角，薄刃。其长度、宽窄根据需要而确定。使用时，手持刮刀腰部，刀刃与工作物成30°～50°角。当使用一端弯成半圆形的刮刀时，手稍许放平些，由前方向胸前拉或一手压住刮刀前端，一手向胸前拉（刮铆钉头时用）。

2）除锈锤。除锈锤用弹簧钢或普通钢加工锻制，一头尖形，另一头平形，或两头均为平形。尖头为敲除表面不平凹陷处，平头为敲除平面锈层严重处所。敲击锈块的尖头以钝为宜，防止击伤钢板。

3）钢丝刷。钢丝刷有平把、翘把、直把等形式，翘把钢丝刷使用最为方便。一般购置4～6行的钢丝刷。在除锈和铲除漆皮或氧化皮后，用钢丝刷清除钢板上残留杂质和氧化皮，直到除尽为止。

手工除锈具有工具简单、不受条件限制、施工方便等优点，但劳动强度大、工作效率低、除锈不易彻底、质量较难保证，一般均在工作量不大，或局部除锈作业时采用。

（2）喷砂除锈。喷砂除锈方法是目前采用的钢梁除锈方法中使用较多、效果较好的一种。干喷砂机的工作原理是作用压缩空气将沙粒送至专用喷嘴，以高速度喷射于钢板表面，借助沙粒的冲击和摩擦将旧漆膜、污垢、铁锈、氧化皮等全部除去。喷砂用的沙子以洁净干燥、呈锐角颗粒的石英河沙为最好，加工筛选后颗粒为0.5～2.5 mm的河沙，因为这种沙在喷射时尘雾少且效率高。湿喷砂即水喷砂，能消除矽尘对环境的污染和人体的危害。使用湿喷砂时，一般在水中加入少量的防锈剂（如0.6%碳酸钠及0.5%～3%的亚硝酸钠）使金属表面钝化，保持短期内不生锈。湿喷砂效率不及干喷砂，实际生产中极少使用，故不详细介绍。

1）常用喷砂机具

①动力设备。动力设备包括空气压缩机（内燃或电动，3 m^3/min 以上）、储风桶（风包或分配器）、送风管路（把风送到喷砂器）。

②备砂机具。备砂机具包括筛砂机、运砂小车、储砂库。

③喷砂机具。喷砂机具包括ϕ25 mm压力橡胶皮管、油水分离器、储风桶、盛砂设备、喷砂器、喷砂嘴及连接器、喷砂衣及其他劳动防护用品、ϕ8 mm供风管（供工人呼吸用）、工具袋（内装面罩用备用玻璃、喷嘴、铁丝、电工刀、活扳手、钢丝钳）等。

2）喷砂操作方法

①准备工作。为了提高喷砂效率，每个喷砂嘴供风量不小于3～4 m^3/min，风压0.4～0.6 MPa。将经筛选加工过的河沙装满喷砂桶内（每立方米河沙约可喷20～30 m^2的钢梁表面），连接好管路及喷砂机具，检查其性能是否良好，连接是否牢固。高空作业搭好脚手架。为了防止喷砂损坏已做好的油漆，已做好的部分应加以防护。

②喷砂操作。在风压达到0.4 MPa以上时，应先打开喷砂器风阀，再开砂阀（直通旋塞）即可进行喷砂作业。喷砂完毕应先关闭砂阀再关闭风阀，以防堵塞。钢梁喷砂顺序一般应自上而下，由一端向另一端推进，以减少干扰。对杆件喷砂时应先喷角落及窄缝处，后喷宽敞部分；先喷边缘后喷中间；先喷铆钉头后喷平面。喷嘴与钢料表面距离以150～250 mm、喷射角45°～80°为宜，移动速度要均匀，使之恰好除去锈蚀和氧化皮而不伤钢板。喷砂嘴以采用ϕ5～7 mm的高氧化铝陶瓷者为好。使用新嘴时，喷砂器砂阀应开小一些，随着喷砂工作的不断进行，喷砂嘴口径逐渐磨大，风压也要求高一些，风、砂阀都要开得大一些。一个喷嘴约可清除钢梁旧漆膜及锈蚀的钢梁表面30～60 m^2。如果喷砂处在桥梁上部或离喷砂器较远，负责调整喷砂器风、操作砂阀的工人与喷砂工人之间要加强联系，固定联络信号，以便及时调整风、砂量。采用双室喷砂器或将两个单室喷砂器串联可以使喷砂工作不致因装砂而中断，可提高工效。喷砂完毕应用压缩空气清除钢梁表面的尘埃和积砂，必要时用手工工具进行一次“找细”，同时检查钢梁有无裂纹。

③故障处理。当喷砂过程中发现堵塞时，可用ϕ3～5 mm铁丝弯成的钩插入喷砂嘴数次，即能消除砂嘴与胶管连接处的堵塞。如果堵塞不能消除，应检查喷砂器砂阀，再检查喷砂管接头。一般通过上述检查处理，堵塞都能消除。

④施工注意事项

a. 施工人员在喷砂开始前，要穿好工作服，戴好手套，接好防护头罩内输送新鲜空气的管路，喷砂衣要有密闭，使衣内砂尘在空气内不超过2 mg/m^3。

b. 不准带风修理喷砂设备或更换零件。

c. 喷砂时喷嘴不能对人、对车。

d. 喷砂胶管应避免弯折过剧，要加强检查，防止个别部分管壁被磨损过薄而发生炸裂。

6. 钢材的锈蚀等级和除锈等级

本部分节选了中华人民共和国国家标准《涂覆涂料前钢材表面处理　表面清洁度的目视评定》（GB8923）第1部分的内容，详细内容和典型照片请查阅该标准。

（1）锈蚀等级。钢材表面的四个锈蚀等级分别以A、B、C和D表示，文字描述如下：

1）A级为全面地覆盖着氧化皮而几乎没有铁锈的钢材表面。

2）B级为已发生锈蚀，并且部分氧化皮已经剥落的钢材表面。

3）C级为氧化皮已因锈蚀而剥落，或者可以刮除，并且有少量点蚀的钢材表面。

4）D级为氧化皮已因锈蚀而全面剥离，并且已普遍发生点蚀的钢材表面。

（2）除锈等级。钢材表面除锈等级以代表所采用的除锈方法的字母“Sa”“St”或“F1”表示。如果字母后面有阿拉伯数字，则其表示清除氧化皮、铁锈和油漆涂层等附着物的程度等级。

1）喷射或抛射除锈。喷射或抛射除锈以字母“Sa”表示。

喷射或抛射除锈前，厚的涂层应铲除，可见的油脂和污垢也应清除。喷射或抛射除锈后，钢材表面应清除浮灰和碎屑。

对于喷射或抛射除锈过的钢材表面，本标准定有四个除锈等级。其文字描述见表2—3。

表2—3　　除锈等级

除锈等级	简要描述	具体描述
Sa1	轻度的喷射或抛射除锈	钢材表面应无可见的油脂和污垢，并且没有附着不牢的氧化皮、铁锈和油漆涂层等附着物
Sa2	彻底的喷射或抛射除锈	钢材表面应无可见的油脂和污垢，并且氧化皮、铁锈和油漆涂层等附着物已基本清除，其残留物应是牢固附着的
Sa2.5	非常彻底的喷射或抛射除锈	钢材表面应无可见的油脂、污垢、氧化皮、铁锈和油漆涂层等附着物，任何残留的痕迹应仅是点状或条纹状的轻微色斑
Sa3	使钢材表观洁净的喷射或抛射除锈	钢材表面应无可见的油脂、污垢、氧化皮、铁锈和油漆涂层等附着物，该表面应显示均匀的金属色泽

2）手工或动力除锈。用手工和动力工具，如用铲刀、手工或动力钢丝刷、动力砂

纸盘或砂轮等工具除锈，以字母“St”表示。

手工或动力工具除锈前，厚的涂层应铲除，可见的油脂和污垢也应清除。手工或动力工具除锈后，钢材表面应清除去浮灰和碎屑。

对于手工或动力工具除锈过的钢材表面，本标准订有两个除锈等级。其文字描述见表2—4。

表2—4 除锈等级

除锈等级	具体描述
St2	钢材表面应无可见的油脂和污垢，并且没有附着不牢的氧化皮、铁锈和油漆涂层等附着物
St3	钢材表面应无可见的油脂和污垢，并且没有附着不牢的氧化皮、铁锈和油漆涂层等附着物。除锈应比St2更为彻底，底材显露部分的表面应具有金属光泽

2.2.2 桥跨钢结构保护涂装

桥梁钢梁架设在江河之上，水面湿度较高，加上不同自然环境条件，例如湿热霉菌、梅雨、盐雾、干寒低温、低洼盐碱、风霜雨雪以及工业区化学气体腐蚀等影响，会使桥梁钢梁遭受侵蚀锈毁。选择钢梁涂料，首先应根据桥址环境加以研究，不能千篇一律采用某一种漆。涂料的性能多种多样，只有考虑涂料的一般用途和特殊用途，才能达到防止钢铁锈蚀和提高户外耐久性能的目的。

例如桥门架经常接触火车煤烟中的硫化氢气体；铁路纵横梁上盖板终年在阴湿之下，常年承受车辆通过时桥枕的摩擦；有些钢梁构件长期泡在水中；还有公路、铁路两用桥或混凝土与钢梁的结合梁，水泥被水侵蚀产生碱性液体，可使油漆皂化等。对于上述钢料只涂一种漆不行，比如单纯涂上环氧树脂漆或过氯乙烯漆，层次之间附着力不好，应采用增加中间层漆的方法加以解决。通常，钢梁涂装需使用底漆、中间漆和面漆，三者关系要配合好才能达到涂装效果。配套漆的目的是使涂料取长补短，解决漆与漆之间互容性、漆与物体之间的附着力和耐久性。

1. 底漆（防锈漆）

防锈漆种类很多，它们都是由漆料、防锈颜料、体质颜料（又称填充料）和一定辅助成膜物质组成的。不同的防锈颜料制成的防锈漆涂到金属表面起着不同的物理和化学作用，因此防锈漆又分为物理性防锈颜料和化学性防锈颜料。在防锈漆中适当配合一些体质颜料，可以起到改善漆膜的附着力、调整pH值、抗沉降、转化某些腐蚀介质等作用。漆料内的另一些添加剂则可以改善漆膜的抗起泡性和耐候性。

常见的底漆有红丹防锈漆、云母氧化铁防锈漆（又称云铁防锈漆）、无机富锌防锈漆和有机富锌防锈漆等。

2. 面漆

钢梁经过表面处理后，预涂磷化底漆和一至三道防锈底漆，再涂中间漆或面漆。面漆是保护桥梁钢铁的第一道屏障，其遮盖力强，附着力牢，耐候性久，耐光性好，光亮度大，具有不透气性与不透水性，能起到屏蔽保护钢铁的作用。

桥梁钢梁涂装的面漆采用的是户外用漆，要求耐大气性和耐久性强，要进行人工老化试验和曝晒试验，检验观察其是否能耐户外各种条件。

常见的面漆有醇酸树脂磁漆、酚醛树脂磁漆、环氧树脂漆和聚氨脂耐磨漆等。

3. 面漆与底漆的搭配

我国铁路桥梁钢梁相关标准规定，对新钢梁的初始涂装或既有钢梁整孔重新涂装采用如下涂装体系：

（1）钢梁大面积部位涂装体系

1）红丹酚醛底漆或红丹醇酸底漆，锌铝醇酸面漆或云铁醇酸面漆。

2）环氧富锌底漆或无机富锌底漆，磷化底漆中间层或环氧云铁中间层，锌铝醇酸面漆或云铁醇酸面漆。

不同腐蚀环境下，可采用不同的搭配方式。通常钢梁热喷锌涂装，密封锌镀层为在热喷锌后刷涂一道磷化底漆，再刷一道 C01－7 醇酸清漆。当大气环境呈酸性或碱性、金属易直接遭受化学腐蚀时，需在喷锌镀层上覆盖涂料层，即为锌黄酚醛底漆一道（亦可涂装磷化底漆或环氧云铁底漆中间层，但不得使用红丹底漆）及锌铝醇酸面漆或云铁醇酸面漆两道。

（2）纵梁、上承板梁、箱梁上盖板顶面采用的涂装体系

1）棕黄聚氨酯底漆，银灰聚氨酯面漆。

2）热喷锌，棕黄聚氨酯底漆，银灰聚氨酯面漆。

铆接梁板层间涂红丹防锈漆一道。栓焊梁连接部位板层间应热喷镀铝镀层或喷涂 78－2 无机富锌漆一道。栓焊梁连接处外露部位，可按钢梁大面积部位涂装体系第 2 款进行。

箱形梁内部涂装低溶剂（溶剂占20%以下）、环氧沥青厚浆底漆和低溶剂环氧沥青厚浆面漆各一道，每道干膜厚度 125 μm，涂层总厚度不低于 250 μm。

总之，钢梁各部涂装体系可结合实际情况选择。

4. 涂层涂装道数及厚度要求

漆膜要有一定的厚度才能有一定的保护能力，涂一层的保护能力没有涂多层的好。所以目前油漆施工大多数涂装多层。现在钢梁一般采用喷涂防锈底漆两度和面漆三度，干膜总厚度为200~250 μm，即每层为40~50 μm。个别易损部位（如上盖板）还要求增加度数，使总厚度更厚一些。油漆干膜厚度与其涂刷成膜前湿膜厚度之比，叫作该油漆的成膜率。一般油漆的成膜率在70%左右。

桥梁厂新制钢梁，从制造完毕到工地架设安装通车，相隔时间有的可达数年之久。故在杆件出厂以前，除进行彻底除锈涂刷两度防锈底漆和一度面漆外，最好在拼铆前对铆合杆件节点板束内面涂红丹底漆一度，以防锈蚀。

5. 稀释剂的选用

油漆的品种不同，所使用的稀释剂也各不相同。一般来说，油性漆采用松香水或松节油，醇酸漆采用二甲苯或醇酸稀料，虫胶漆（即洋干漆）采用酒精，硝基漆（即喷漆）采用香蕉水，环氧树脂漆采用丙酮或环氧稀料，聚氨酯桥板漆采用二甲苯及无水环已酮。严禁用煤油、汽油、柴油作为桥梁用漆的稀释剂。

稀释剂只在油漆过稠时使用，使用量一般不得超过油漆厂对该种油漆规定的限度。但由于气候和施工方法（热喷或冷喷）的不同，使用量还须视实际情况确定。稀释剂仅为满足施工操作需要，要尽量少加或不加。除油漆厂规定允许外，一般桥梁用漆掺加稀释剂宜不超过油漆质量的2%为好。

6. 涂装施工条件及要求

钢梁油漆涂装除要满足其技术条件外，还要满足涂装的施工条件和要求。

（1）温度不低于5℃。温度太低时油漆增稠，需要过多加入稀料，这样会损害漆膜质量。温度过低会导致钢梁表面水分不易蒸发，钢梁下部及缝隙更难擦干，致使漆膜与钢梁表面或漆膜间附着不牢，造成脱皮。夏季最好避免阳光直射施工物件，可在背阴处进行施工。

（2）有雨、雾、雪和霜时不宜涂漆，相对湿度不大于80%才能涂装。因为湿度过大会导致附着力不好，还容易造成漆膜失光等弊病。温度过低、湿度过高，还影响漆膜的干率。

（3）大风天气不宜涂漆。因风大喷涂困难，漆膜无法喷匀不仅浪费油漆，且易黏附灰尘，造成油漆质量不良。

（4）当钢梁除锈完毕后，应在不超过8 h（湿度较大时2~4 h）内尽速涂头度红丹底漆，并应于当日喷涂完毕。涂漆前应清扫钢梁表面，最好用干净布蘸松节油或松香水擦拭干净。

（5）底漆充分干燥后，才允许涂次层油漆，其间隔时间视当时施工条件和油漆性能确定，一般应不少于48 h。同时第一第二两度红丹底漆间隔时间也应不超过7天。第二度红丹底漆干后，应尽快涂第一度面漆，要避免红丹长期暴露在大气中。

（6）进行次一度涂漆前，应用铲刀将表面灰尘杂质铲除干净，然后用“00”号砂纸轻轻打磨后再喷，使每层油漆黏结牢固。第一度底漆喷涂后不得露出下面的钢料，上层喷涂后不得露出底层的油漆。

（7）为了便于检查所涂油漆的质量，二度面漆也可采用深浅不同的颜色来加以区别。每度应尽量做到喷涂均匀，不得有缺漏、皱纹、流挂，更不应有脱落揭皮的现象。

（8）在经受烟熏、落煤灰和蒸汽影响的部位，涂油作业应在较长的列车间隔时间内进行，尚未干燥的油漆必要时应加以遮挡。

（9）钢梁油漆完毕应将涂装日期、施工方法、漆膜厚度以及所用油漆品种等标志在显著部位，以观察其耐久性，并恢复钢梁上原有的各种标记。

油漆的防护效果要在干燥成膜之后才能得到。只有使用质量优良的油漆材料、细致地进行钢梁表面处理，以及掌握合适的施工条件进行良好的涂装，才能得到理想的防护效果。因此，钢梁油漆的施工涂刷必须强调质量。

7. 手工涂装与喷射涂漆

（1）手工刷涂。这是一种比较古老而普遍的施工方法，它的特点是设备简单，操作方便，灵活性大。其缺点为手工劳动，生产效率低，漆膜往往有粗粒及刷痕，一些快干及涂刷性能差的油漆不适宜手工刷涂。

漆刷是刷漆施工的主要工具，根据不同的施工对象可以选择不同尺寸、不同形状的漆刷。漆刷按形状大致可分为圆形、扁形和歪形3种；按制作材料可分为硬毛刷（猪鬃制）、软毛刷（狼毫、羊毛制）两类。

手工刷漆的施工质量主要依赖于操作者的熟练程度和施工技巧。一般手工刷涂的操作方法是：先将油漆均匀地散涂在钢梁表面上（俗称墩油）或刷成S形，然后横刷、竖刷，自上而下、自左而右，先难后易（线脚、角落部位先刷），依次刷匀。漆刷蘸漆不宜过多，蘸漆深度以刷毛的1/3～2/3为宜。刷涂时操作要敏捷，厚薄要均匀合适。一般涂刷一次切宜过厚，否则容易发生皱皮现象。油漆施工黏度要根据温度变化而调节，漆液太稀易流挂，盖不住底，太稠不易刷匀，影响干燥。

钢梁的附件也可以用丝头蘸油漆用手搓刷。栏杆扶手等处可先用丝头搓涂，再用漆刷拉平修整。

钢梁杆件之间的狭小间隙部位和相互交叉的隐藏处所，或同一根杆件中由于型钢铆合组拼存在的窄缝处所，因位置隐蔽，施工困难，要特别注意除锈和油漆质量。这些部位的涂油工作要根据实际情况自行制作各种尺寸的小麻刷进行，并要防止漏涂或露底。

（2）喷射涂漆。喷射涂漆是利用压缩空气在喷枪处产生的负压，将漆流带出并分散为雾状，涂覆于钢梁表面。这是目前最常用的一种施工方法，它的最大特点是操作比较轻便，工效高（比刷涂可快5～10倍），漆膜平整光滑，适用于不同尺寸的钢梁表面。其缺点是油漆的利用率低，溶剂易挥发，不经济，喷漆时漆雾大，如防护不当可能影响工人健康。

热喷涂就是将油漆预热到一定温度（根据不同油漆而温度也不同）再喷涂，由于加热升温，降低油漆黏度，可减少掺入油漆的稀料，因此能提高涂漆质量。

喷漆油漆除供风系统外，还有以下主要机具。

1）喷漆枪，一般使用PQ－1型和PQ－2型。由于漆罐储油量小，不适于大面积施工，可以把它除去，改为压力喷漆桶供油。喷漆枪主要有扁嘴式、对嘴式、压下式三种。

2）压力喷漆桶，利用风压将已调好黏度适合的油漆通过ϕ8 mm胶管送到喷漆枪上。

3）油水分离器能去除压缩空气中的油脂和水分，保证漆膜质量。

喷漆前，油漆要搅匀，用140目以上的筛子过滤去除漆皮和粗粒，根据不同品种的油漆调整到适合的黏度。空气喷漆压力一般以0.3～0.5 MPa为好。喷枪与钢料表面的距离要适当，以15～25 cm为宜，喷枪与物面应保持垂直角度。喷漆采用横喷或纵喷，每次压叠一半，喷漆速度必须前后均匀一致，不能时快时慢，每喷到两端时必须关风以防端头流挂。喷漆时要特别注意钢梁杆件边角部位及其他隐蔽处所，这些地方最易漏喷或漆膜过薄造成锈蚀产生。

技能要求

钢结构一般部位手工涂装作业

操作要求

1. 油漆、稀释剂和固化剂等的品种、型号和质量，应符合设计要求和国家现行有关标准的规定。

2. 涂装前钢材表面除锈应符合设计要求和国家现行有关标准的规定：经化学除锈的钢材表面应露出金属色泽。处理后的钢材表面应无焊渣、焊疤、灰尘、油污、水和毛刺等。

3. 不得误涂、漏涂，涂层应无脱皮和返锈。

4. 涂装工程的外观质量应均匀，色泽一致，无皱皮、流坠和气泡，附着良好，分色线清楚、整齐。

5. 构件补刷漆的质量按涂装工艺分层补刷，漆膜完整，附着良好。

6. 钢构件涂装后应加临时围护隔离，防止损伤涂层。

7. 钢构件涂装后，应防止沾染尘土和水气，影响涂层的附着力。

8. 涂装后的钢构件勿接触酸类液体，防止损伤涂层。

操作步骤

步骤 1 确定钢表面涂刷油漆的部位。

步骤 2 对基面进行清洁处理。

步骤 3 对涂刷部位涂刷底漆。

（1）底漆涂装时应控制油漆的黏度、稠度、稀度，兑制时应充分搅拌，使油漆色泽、黏度均匀一致。

（2）刷第一层底漆时涂刷方向应该一致，接槎整齐。

（3）刷漆时应采用勤沾、短刷的原则，防止刷子带漆太多而流坠。待第一度刷完后，应间隔一定时间、等待第一度涂膜干燥所需时间，防止第一度未干就上第二度，这样会使漆液流坠发皱，质量下降。

（4）待第一度干燥后，再刷第二度，第二度涂刷方向应与第一度涂刷方向垂直，这样会使漆膜厚度均匀一致。

（5）底漆涂装后应根据材料要求进行表干，表干前不应涂装面漆。

步骤 4 对涂刷部位涂刷面漆。

（1）新建筑钢结构涂装底漆与面漆一般中间间隙时间较长，涂装面漆前需对钢结构表面进行清理，清除安装焊缝焊药。对烧去或碰去底漆的构件，还应事先补涂底漆。

（2）面漆的调制应选择颜色完全一致的面漆，根据使用说明的比例加入稀料，并充分搅拌，确保色泽均匀。面漆工作黏度、稠度应保证涂装时不流坠，不显刷纹。面漆在使用过程中应不断搅和，涂刷的方法和方向与底漆工艺相同。

2.3 墩台作业（支座的养护）

学习目标

✓ 掌握桥梁支座分类
✓ 掌握板式橡胶支座的构造
✓ 了解桥梁支座检查及养护

知识要求

2.3.1 桥梁支座分类

桥梁支座是连接桥梁上部结构和下部结构的重要构件，其主要功能是将上部结构承受的各种荷载传递给墩台，并能适应上部结构由于荷载、温度变化、混凝土收缩等产生的变形（水平位移及转角），使上部结构的实际受力情况符合设计要求。

支座可按变形的可能性、所用的材料或结构形式三种方法分类：按支座变形可能性可分为固定支座、单向活动支座和多向活动支座；按支座用材料可分为钢支座、聚四氟乙烯支座、橡胶支座、混凝土支座和铅支座；按支座的结构形式可分为弧形支座、摇轴支座、辊轴支座、板式橡胶支座、四氟板式橡胶支座、盆式橡胶支座、球形支座等。

2.3.2 板式橡胶支座的构造

板式橡胶支座通常由多层橡胶与薄钢板镶嵌、粘合、硫化而成。嵌入橡胶片之间的钢板在竖直荷载作用下将约束橡胶的侧向膨胀，使垂直变形相应减小，从而提高了支座的竖向刚度。支座的水平位移则取决于支座橡胶的净厚。为防止薄钢板锈蚀，在板式橡胶支座的上、下面及四周均有橡胶保护层。板式橡胶支座具有构造简单、安全方便、节省钢材、价格低廉、养护简便、易于更换等特点。板式橡胶支座有足够的竖向刚度以承受垂直荷载，且能将上部结构的压力可靠地传递给墩台；有良好的弹性以适应梁端的转动；有较大的剪切变形以满足上部构造的水平位移；有良好的防震作用，可减少动载对桥跨结构与墩台的冲击作用。

板式橡胶支座按其形状可分为矩形板式橡胶支座或圆形板式橡胶支座。

聚四氟乙烯滑板式橡胶支座简称四氟滑板式支座，是在普通板式橡胶支座上按照支座尺寸大小粘覆一层厚2～4 mm的聚四氟乙烯板而成。聚四氟乙烯板降低了支座与梁底不锈钢板之间的摩擦系数（$\mu_f \leqslant 0.08$），因此，四氟滑板式支座不仅除具有普通板式橡胶支座的竖向刚度与弹性变形的性能，能够承受垂直荷载及适应梁端转动，还具有摩擦力小的特点，可使桥梁上部构造水平位移不受限制。四氟滑板式支座可用于跨度大于30 m的大跨度桥梁、简支梁连续板桥和多跨连续梁桥。

2.3.3 盆式橡胶支座的构造

盆式橡胶支座是钢构件与橡胶、聚四氟乙烯板等材料组合而成的新型桥梁支座，它具有承载能力大、水平位移量大、转动灵活等特点，广泛应用在大型公路、铁路桥梁建设上。盆式橡胶支座分为双向（多向）活动支座、单向活动支座和固定支座等。双向（多向）活动支座具有竖向承载，竖向转动和多向滑动性能，代号为SX。单向活动支座具有竖向承载、竖向转动和单一方向滑动性能，代号DX。固定支座具有竖向承载和竖向转动性能，代号GD。

双向（多向）活动支座和单向活动支座由上座板（包括顶板和不锈钢滑板）、聚四氟乙烯滑板、中间钢板、密封圈、底盆、地脚螺栓和防尘罩等组成。单向活动支座沿活动方向还设有导向挡块。固定支座由上座板、密封圈、橡胶板、底盆、地脚螺栓和防尘罩组成。

2.3.4 桥梁支座检查

确保桥梁支座的正常使用离不开日常的养护维修和性能检验。支座一般可每半年检查一次，检查支座附近梁体有无裂缝。支座检查可借助检查小车或修建专用检查梯进行。

支座检查主要检查支座功能是否完好，组件是否完整、清洁，有无老化、变形、锈蚀、断裂、错位和脱空现象；上下座板与梁身、支座垫石互相之间是否密贴，有无三条腿等不正常现象；支撑垫石是否完好，是否有积水或尘埃等。对柔性墩上的固定支座要观测有无变形。活动支座要检查其是否灵活，实际位移量是否正常，变化方向是否与温度变化相符，倾斜度是否在容许限度内，有无限位装置等。各类支座还应重点检查以下内容：

1. 板式橡胶支座应重点检查橡胶支座是否老化、变形，有无不正常的剪切外鼓变形。支座与梁身、支撑垫石间是否密贴。四氟板式支座是否脏污、老化。钢板滑动支座是否干涩、锈蚀。

2. 盆式支座应检查固定螺栓有无剪断，螺母是否松动，电焊是否开裂，四氟板位置是否正常。

3. 弧形支座和辊轴（或摇轴）支座应定期测量其位移值和梁温，位移值不允许超过容许值。发现弧形支座位移超过限值或固定支座不固定时，应起顶梁身检查活动支座销子有无异常、固定支座安装是否符合标准。测量辊轴（或摇轴）支座位移应安装位移指示标（尺）并检查辊轴有无变形、磨损。对使用年久、铺设无缝线路、位于长大坡道及曲线上的桥梁，应认真检查上下锚栓（特别是弧形支座）有无弯曲断裂，如果有剪断，还应检查墩台有无变位。

另外，在《铁路桥隧建筑物劣化评定标准》（TB/T 2820. 3 - 1997）中，桥梁支座的劣化等级可分为 A、B、C、D 四级，A 级又细分 AA、A1 两等。相应各劣化等级对结构功能及行车安全的影响以及采取的措施见表 2—5。

表 2—5　　　　　　支座劣化等级表

劣化等级		对结构功能及行车安全的影响	措施
A 级	AA（极严重）	支座功能严重劣化，危及行车安全	立即采取措施
	A1（严重）	支座功能严重劣化，进一步发展会危及行车安全	尽快采取措施
B 级（较重）		劣化继续发展将会升级为 A 级	加强监视，必要时采取措施
C 级（中等）		影响较少	加强检查，正常维修
D 级（轻微）		无影响	正常保养与巡检

2.3.5　桥梁支座的养护

1. 养护的一般要求

（1）支座各部应保持完整、清洁，位置正确，活动支座伸缩与转动正常。半年一清扫，清除支座周围的垃圾杂物，保证支座正常工作。

（2）橡胶支座应经常清扫，排除墩帽积水，要防止橡胶支座接触油脂，防止因橡胶老化、变质而失去作用。

（3）支座与梁底、支座与砂浆垫层之间的接触面应平整。梁体位移及转角应不受阻碍。支座垫板与锚栓应紧密接触，并不得有锈蚀。支座垫层上如果有积水，应立即清除。

（4）支座或支座组件如果有缺陷或产生故障不能正常工作时应及时予以修整或更

换。

（5）梁支点承压不均匀，板式橡胶支座出现脱空或过大压缩变形时应予以调整，板式橡胶支座发生过大剪切变形、老化、开裂等应及时更换。如果发现支承垫石空洞、不密实缺陷等应及时进行处理。

（6）对盆式橡胶支座应设置防尘罩，防止尘埃落入或雨雪渗入支座内。支座外露部分应定期涂红丹防锈漆进行保护。防尘罩应经常清洁和防蚀处理，防止橡胶老化变质失去弹性。如果橡胶老化，剪切变形 $\tan\alpha > 0.7$，或橡胶有裂纹、鼓出的应更换。钢板有锈蚀的应更换。检查螺栓有无剪断，盆边顶缘发生塑性变形者应更换。

2. 盆式橡胶支座的养护

（1）盆式橡胶支座的养护工作。盆式橡胶支座在使用期间应每年定期进行一次检查及养护，主要应进行以下养护工作。

1）检查支座锚栓有无剪断，支座橡胶密封圈有无龟裂和老化。

2）检查支座相对位移是否均匀，并逐个检查支座位移量。

3）清除支座附近的杂物及灰尘，并用棉纱仔细擦净不锈钢滑板表面的灰尘。

4）松动锚栓螺母，清洗上油，以免螺母锈死。

5）定期对支座钢件进行油漆防锈，但不锈钢滑动面不得油漆。

6）校核并定点检查支座高度变化，以便校核支座内聚四氟乙烯板的磨耗情况，当支座高度接近 0 时，应考虑是否需要更换聚四氟乙烯板。

根据德国交通部的经验，对于聚四氟乙烯板的磨耗情况应重点检查聚四氟乙烯板的外露高度 h_0：

当 $h_0 \geqslant 1.0$ mm 时，支座正常。

当 $0.5\ \text{mm} \leqslant h_0 < 1.0$ mm 时，应每年测量高度变化。

当 $0.2\ \text{mm} \leqslant h_0 < 0.5$ mm 时，应缩短检查期限，或更换或经专家鉴定。

当 $h_0 < 0.2$ mm 时，应立即更换或经专家鉴定。

（2）盆式橡胶支座养护质量要求

1）梁底支承部位平整、水平，支承部位相对水平偏差不大于 0.5 mm。

2）桥墩支承垫石顶面平整，相对允差 1 mm，支承垫石顶面标高准确，允差 0.4 mm，相临墩台上支承垫石顶面相对高差不大于 3 mm。

3）支座与支承垫石顶面应紧密接触，局部缝隙不得超过 0.5 mm。

4）恒载剪切变形角 $\tan\alpha \leqslant 0.45$，最大剪切变形角应 $\tan\alpha \leqslant 0.7$。

技能要求

墩台彻底清理作业

操作要求

能熟练掌握各种用具清理墩台表面垃圾及建筑遗留物。

1. 工具材料

锤子、长毛刷、钢丝板刷、铲刀、泥板、錾子（扁、尖）、蛇皮袋、棉纱。

2. 劳动保护用品

手套、防护眼镜、安全帽、安全带、口罩。

操作步骤

步骤1　正确使用锤子、錾子、铲刀、钢丝板刷对墩台各面的黏着垃圾进行清理；墩台各面平整清洁。作业中必须带好安全帽、防护眼镜及口罩。

步骤2　清理遗留的建筑垃圾（石渣、水泥渣块等）。装袋时注意高空坠物，注意两梁中间是否有建筑垃圾掉落。

步骤3　垃圾装袋后从墩台运到地面。

注意事项

1. 墩台有检查围栏的，在上下爬垂直梯的过程中一定要手抓牢，防止坠落；无检查围栏的，2 m以上必须搭设脚手架，在脚手架上作业时必须系安全带。

2. 作业墩台在马路边或马路中的必须在下方用红白带设置安全施工范围，并设专人防护。

3. 禁止高空抛物，清理下来的垃圾必须装袋并用绳索运下。双层作业时，下方人员必须佩戴安全帽，并且在垃圾吊下时注意安全避让。

2.4　桥梁附属设施作业

学习目标

✓ 掌握桥梁装饰板的功用

✓ 掌握声屏障构造及功用

✓ 掌握涂刷桥墩编号作业

知识要求

2.4.1 桥梁装饰板

城市轨道交通高架桥梁上的装饰板作为一种安全防护设施，是桥梁上部结构一个不可缺少的组成部分。桥梁装饰板一般采用金属板类材质，最常见的连接方式是螺栓连接。

桥梁装饰板必须始终处于完好的状态，如有损坏、变形或腐蚀，应迅速采用相应的措施进行修复。在需要加固装饰板时，一般采取钻孔后用耐候性好的金属丝绑扎的加固方案，不用焊接进行加固。铁丝加固连接装饰板作业最适宜的季节是夏季。

2.4.2 声屏障

声屏障是一种专门设计的立于噪声源和受声点之间的声学障板，是降低噪声的一种重要设施。声屏障通常是针对某一特定声源和特定保护位置（或区域）设计的。

1. 声屏障的结构形式

声屏障结构形式主要有直立型、圆筒型、逆 L 型和 Y 型。声屏障结构形式对降噪效果有直接影响。降噪效果最弱的是直立型；降噪效果最好的是 Y 型。

我国目前建成的声屏障以直立型和逆 L 型为主。城市轨道交通多采用直立型。

2. 声屏障的降噪效果

根据《城市区域噪声标准》，城市区域内的交通干线两侧区域的昼间噪声标准限值为 70 dB，夜间噪声标准限值为 55 dB。昼间是指 6：00 至 22：00 之间的时段，夜间是指 22：00 至次日 6：00 之间的时段。对于超限的区域，若适合安装声屏障，应及时安装。

噪声的测量可参照《声学　环境噪声的描述、测量与评价》（GB/T 3222）等规范进行。测量应在无雨、无雪的天气条件下进行，风速达到 5 m/s 以上时，应停止测量。测量位置选在户外空旷位置时，宜离任何反射面（除地面）至少 3.5 m，离地面至少 1.2 m；选在户外靠近建筑物时，宜离外墙 1～2 m，或全打开的窗户前 0.5 m；选在室内时，离墙面至少 1 m，离地面至少 1.2～1.5 m，离窗 1.5 m。测量时应连续采集 10～20 min 的声源信号。

一般声屏障对距离声源 100 m 范围内有良好的降噪效果。一个合理的声屏障可以对于声影区的受声点降噪 5 ~ 12 dB。当声屏障降噪要求大于 12 dB 时，应同时采取其他降噪措施。

3. 声屏障的声学设计

在保持噪声源、地形、地貌、地面和气象条件不变情况下，安装声屏障前后在某特定位置上的声压级之差称为声屏障的插入损失。插入损失越大，降噪效果越好。

当噪声源发出的声波遇到声屏障时，它将沿着三条路径传播：一部分越过声屏障顶端绕射到达受声点，这称为绕射路径；一部分穿透声屏障到达受声点，这称为透射路径；一部分在声屏障壁面上产生反射，这称为反射路径。声屏障的插入损失主要取决于声源发出的声波沿这三条路径传播的声能分配。

4. 声屏障的材料

声屏障材料选用总的原则是降噪效果良好、结构安全可靠，材料价格经济、安装成本低，经久耐用、美观大方。最常见的声屏障材料质地为金属类。

声屏障防止声音透射的效果通常用隔声量来衡量。隔声量是指墙或间壁的入射声功率级与另一面的透射声功率级之差。一般应选用在实验室测试中平均隔声量不小于 25 dB 的声屏障材料。

吸声材料是指具有较强的吸收声能、减低噪声性能的材料。吸声材料按吸声机理分为两类：一类是依靠从表面至内部许多细小的敞开孔道使声波衰减；另一类是依靠共振作用吸声。吸声材料的吸声性能不应受到户外恶劣气候环境的影响。铝纤维是一种适宜室外露天使用的吸声材料。

5. 声屏障的安装

声屏障的设置位置应接近线路，但应符合限界要求。当双侧安装声屏障时，应在朝向声源一侧安装吸声结构。

声屏障一般采用装配式施工以缩短施工时间。

2.4.3 附属设备油漆和涂装

桥墩编号用于区别桥墩，是进行日常维护的基础。桥墩编号在长期使用后会变得模糊，故需要定期重新涂刷。

涂刷桥墩编号，首先应清理桥墩外立面绿化，保证墩号位置无绿化遮挡。其次应清理待涂刷位置结构表面，去除粉尘油污，保证基面清洁。然后按照规定的高度、大小，确定编号位置，编号应按照给定的规则编制。最后用油漆涂刷或用喷漆喷涂，外观应均匀、饱满、不流挂。

技能要求

涂刷桥墩编号作业

操作要求

1. 墩台编号处无遮挡绿化，并确保后续绿化不遮挡。

2. 墩台编号处表面光滑平整，清洁无油污，露出灰白色的混凝土表面原色。

3. 墩号标识位置高度统一，一般不超过 2 m，避免人为遮挡。

4. 墩号喷涂或涂刷均匀整齐，字体饱满清晰，无挂流。

操作步骤

步骤 1　按要求确定桥墩号涂刷位置。

步骤 2　处理桥墩号位置的绿化、油污、粉层等影响涂刷的物体，达到要求标准。

步骤 3　画编号底线，保证各编号数字整齐排列。

步骤 4　使用干净号码模版进行油漆喷/刷涂。

注意事项

1. 必须佩戴手套、口罩、防护眼镜等劳防用品。

2. 使用梯子登高（此处高度不超过 2 m，不需要系安全带）时必须有人扶持。

3. 桥下行走穿越马路时必须遵守交通法规，确保人身安全。

理论知识复习题

一、判断题（将判断结果填入括号中，正确的填“√”，错误的填“×”）

1. 桥梁支座是连接桥梁上部结构和下部结构的重要构件，其主要功能是将上部结构承受的各种荷载传递给墩台。（　　）

2. 盖板主要分为电缆槽盖板和窨井盖板。（　　）

3. 涵渠按孔数可分为单孔、双孔、多孔等。（　　）

4. 伸缩缝的作用是解决圬工结构因基础不均匀沉落而发生的上下错动问题。（　　）

5. 桥梁装饰板必须始终处于完好的状态，如果有损坏、变形或腐蚀，应迅速采用相应的措施进行修复。（　　）

6. 桥面铺装的好坏直接影响行车的舒适、畅通与安全，是桥梁日常养护工作的重点。（　　）

7. 对于简支梁桥，在可能的情况下，桥面应尽量做成连续。（　　）

8. 吸声材料的吸声性能不应受到户外恶劣气候环境的影响。（　　）

9. 橡胶止水带接头宜设在沉降缝的竖直位置，不得设在沉降缝的转角处。（　　）

10. 声屏障通常是针对某一特定声源和特定保护位置设计的。（　　）

二、单项选择题（选择一个正确的答案，将相应的字母填入题内的括号中）

1. 桥面排水设施的设置要求有桥面纵坡、桥面横坡和（　　）。

A. 泄水管　　B. 下水道
C. 伸缩缝　　D. 装饰板

2. 安装盖板最重要的是（　　）。

A. 尺寸正确　　B. 材料一致
C. 美观大方　　D. 整齐

3. 桥梁装饰板最常见的连接方式是（　　）。

A. 铆钉连接　　B. 焊接
C. 螺栓连接　　D. 铁（铅）丝连接

4. 受力钢筋的保护层的厚度一般为（　　）cm。

A. 1.5～3　　B. 3～5
C. 5～8　　D. 8～10

5. 一般声屏障对距离声源（　　）m 范围内有良好的降噪效果。

A. 100　　B. 200　　C. 300　　D. 400

6. 当噪声源发出的声波遇到声屏障时，下列不属于它的传播路径的是（　　）。

A. 反射路径　　B. 透射路径
C. 绕射路径　　D. 折射路径

7. 城市区域内的交通干线两侧区域的夜间噪声标准限值为（　　）dB。

A. 45　　B. 50　　C. 55　　D. 60

8. 当身屏障降噪要求大于（　　）dB 时，应同时采取其他降噪措施。

A. 6　　B. 8　　C. 10　　D. 12

9. 当双侧安装声屏障时，应在（　　）安装吸声结构。

A. 朝向声源一侧　　B. 背向声源一侧
C. 任意一侧　　D. 靠近敏感点一侧

10. 一般选用的声屏障材料在实验室测试的平均隔声量应不小于（　　）dB。

A. 5　　B. 15　　C. 25　　D. 35

理论知识复习题答案

一、判断题

1. √　2. √　3. √　4. ×　5. √　6. √　7. √　8. √　9. ×　10. √

二、单项选择题

1. A　2. A　3. C　4. B　5. A　6. D　7. C　8. D　9. A　10. C

第3章

隧道作业

3.1 引水施工作业

学习目标

✓ 了解引水施工作业的适用条件
✓ 掌握引水施工作业的常用工法
✓ 掌握引水施工作业的常用材料、施工工具
✓ 掌握隧道抽水管引水作业

知识要求

3.1.1 引水施工作业的适用条件与工法

1. 引水施工作业的适用条件

当地铁隧道发生渗漏水的病害时，在时间、现场环境等客观因素的限制下，为了确保正常的运营安全，需采用引水施工这一临时措施。

常用的引水施工作业工法有两种，分别为排管（槽）引水施工作业及抽水管引水施工作业。当车站、矩形隧道顶板及侧墙发生渗漏水病害时，通常采用排管（槽）引水施工作业的方式进行处置。当管片环纵缝发生渗漏水病害时，通常采用抽水管引水施工作业的方式进行处置。

2. 引水施工作业的常用工法

(1) 排管（槽）引水施工作业工法

1) 排管（槽）引水施工作业所需材料及工器具。排管（槽）引水施工作业所需材料及工器具见表3—1和表3—2。

表3—1　　排管（槽）引水施工作业材料表

（表中为1 m引水长度所需材料）

序号	名称	单位	数量
1	PVC管等引水材料（ϕ110 mm）	m	1.5
2	铅丝	m	2.0
3	不锈钢条	m	1.5

表3—2　　排管（槽）引水施工作业工器具表

序号	名称	单位	数量
1	电锤	台	1
2	拖线盘	盘	1
3	钢丝钳	把	1
4	扶梯	套	2

2) 操作程序如图3—1所示。

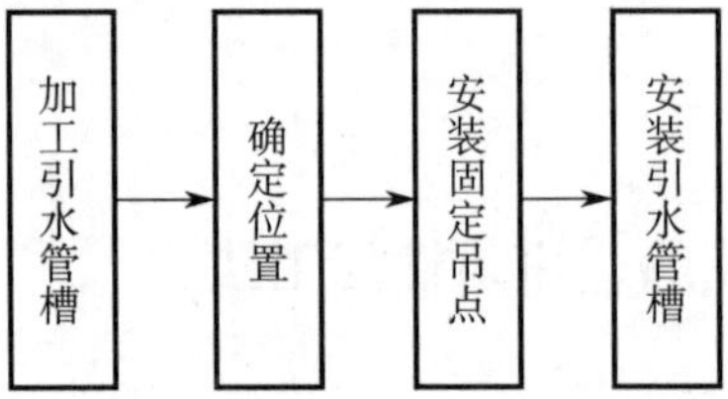

图3—1　排管（槽）引水施工作业操作程序图

3) 操作程序详细介绍

①加工PVC等引水管材。根据现场环境确认引水排管路径，然后分段切割PVC管材到合适的长度。引水路径宜隐蔽，路线宜走直线，拐直角或45°角。

②确定安装位置。根据分割好的管材，确定吊点安装位置。

③安装固定吊点。吊点可采用铅丝绑扎或管箍的形式。每1延米宜设置一个吊点。

④安装引水管槽。将引水管槽固定到吊点上。

4）质量控制

①引水管槽坡度不得小于5‰。

②不得将引水管槽固定在其他管线上。

③引水管材安装牢固。

（2）隧道管片接缝抽水管引水工法

1）隧道管片接缝抽水管引水施工作业所需材料和工器具。隧道管片接缝抽水管引水施工作业所需材料和工器具见表3—3和表3—4。

表3—3　　抽水管施工作业材料表

序号	名称	单位	数量
1	增强管（ϕ8 mm）	m/点	3～6
2	双快水泥	kg/点	5～10

表3—4　　抽水管施工作业工器具表

序号	名称	单位	数量
1	冲击钻（钻头ϕ10～32 mm）	台	1
2	拖线盘	盘	2
3	漆刷	把	1
4	喷水壶	个	1
5	蛇皮袋	只	若干
6	铝合金脚手架（2挡）	套	1
7	防爆灯	盏	2
8	平板车	辆	1
9	泥桶	只	1

2）操作程序如图3—2所示。

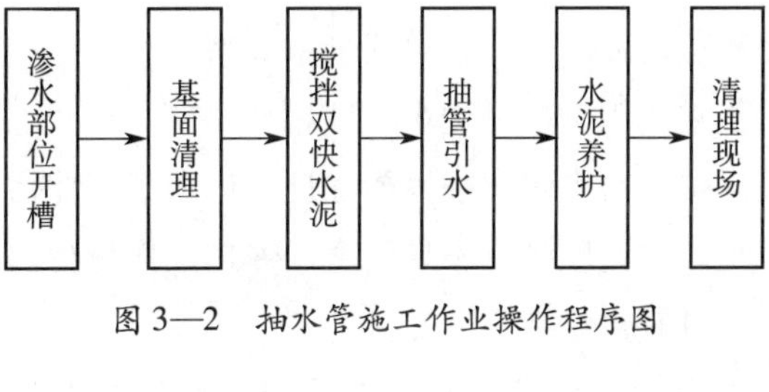

图3—2　抽水管施工作业操作程序图

3）操作程序详细介绍

①对渗漏水处的混凝土凿V字槽，V字槽深度和宽度略大于增强管的直径，凿缝的长度按照实际情况而定。

②对凿开渗漏部位进行基面清理，用漆刷除去缝内的浮渣、粉尘。除去浮渣和粉尘后，用喷水壶清洗基面，保持基面湿润。

③用蛇皮袋迅速搅拌双快水泥，水泥用量依据抽管的大小和长度来定。水泥必须搅拌充分。

④同时进行抽管引水，将增强管嵌入V字槽，将搅拌充分的双快水泥封与V字槽表面，内侧形成暗管用来引水。

⑤封槽水泥养护，用喷水壶喷水养护，养护时间不少于5 min。

⑥清理现场，做到工完料清。

4）质量控制

①抽管的水泥砂浆表面必须平整牢固，无开裂、破损。

②抽管时应确保暗管通畅、无堵塞，判断抽管出水量大致等于渗漏量。

3. 引水施工作业安全要求

（1）进行引水施工时，必须确保引水装置安装牢固、排水畅通，且无漏水点在引水管槽外。

（2）施工人员必须穿戴工作服和手套等劳动保护用品。

（3）登高人员必须系安全带。

（4）施工完毕后，必须清理现场，做到工完料清。

（5）隧道顶部及侧墙渗漏水引水处置应事先验电挂接地棒。

3.1.2 引水施工作业的常用材料与工具

1. PVC引水管特点和制作方法

（1）PVC排水管的特点

1）管材表面硬度和抗拉强度优，管道安全系数高。

2）抗老化性好，正常使用寿命可达50年以上。

3）管道对无机酸、碱、盐类耐腐蚀性能优良，适用于工业污水排放及输送。

4）管道摩阻系数小，水流顺畅，不易堵塞，养护工作量少。

5）材料氧指数高，具有自熄性。

6）管道线膨胀系数小，为0.07 mm/℃，受温度影响变形量小，导热系数和弹性模量小，与铸铁排水管相比抗冰冻性能优良。

7）管材、管件连接可粘接，施工方法简单，操作方便，安装工效高。

目前使用的 PVC 管，按直径有 ϕ25 mm、ϕ50 mm、ϕ75 mm、ϕ110 mm、ϕ160 mm 等规格，各直径的 PVC 引水管材长度均为 4 m。

（2）PVC 引水管的制作方法

1）PVC 引水管长度应跟据现场情况并结合各连接管件的尺寸逐层确定，用细齿锯、割刀和割管机等工具按所需长度进行切割。断口应平整，断面处不得有任何变形，坡口完成后，应将残屑清除干净。

2）打开胶水，先把胶水涂在管件连接处的配件里面，再涂管子前面，然后直接接上。

3）承插接口连接完后，应用棉纱或干布蘸少许丙酮等清洁剂将挤出的胶黏剂擦洗干净。根据胶黏剂的性能和气候条件静置至接口固化为止。冬季施工时固化时间应适当延长。

2. 不锈钢引水槽的分类和制作的方法

（1）不锈钢水槽分类。不锈钢水槽按材质可分为 304#材质不锈钢、202#材质不锈钢、201#材质不锈钢等，其最大的区别在于耐腐蚀性能上的差异：304#最好，202#次之，201#稍差。

（2）不锈钢引水槽制作方法

1）跟据现场漏水点情况，测量并设计所需的不锈钢引水槽长宽尺寸，要求不锈钢引水槽宽度略大于漏水点分布区域宽度，覆盖漏水区域内所有漏水点。

2）不锈钢板材料应表面质量良好，表面光洁平整、无锈蚀等缺陷。

3）根据现场测量尺寸，使用不锈钢剪板折弯机进行剪板，将板材切割成所需的规格尺寸，切边平整。

4）使用不锈钢剪板折弯机对钢板进行折弯。

5）检查材料的长、宽、厚尺寸，料纹方向应与折弯方向垂直，一般情况下钢板横纹折弯为宜，板材应清理干净，周边去毛刺。

6）检查折弯机状况并进行必要的清理和保养。

7）选择适当的折弯模具，根据折弯圆角的角度采用不同 R 的上模（凸模）弯制，根据钢板厚度调换不同深度（即不同宽度）的下模（凹模）弯制。

8）根据工件实际下料的长度确定折弯的尺寸和方法。

9）设备调整，包括上下模调整和模板调整。

10）依靠模板折弯，流程为：首件试折弯→检测→调整靠板→折弯→检验。

11）工件折弯后应对折弯机及模具进行清理。

3. 速凝水泥的特性与使用要求

抽管引水时通常采用速凝水泥进行封槽。速凝水泥是由双快水泥掺入一定量的水泥外掺剂组成的。施工时采用的速凝水泥净浆水灰比为 0.38 ~ 0.42，凝固速度为 2 ~ 3 mm/s，5 min 以后强度可达 5 ~ 6 MPa，30 min 以后强度可达 7 ~ 7.5 MPa，2 h 后可达 12 ~ 15 MPa。速凝水泥具有微膨胀性，膨胀率为 0.04% ~ 0.05%，净浆不易龟裂，与混凝土粘接强度较高。速凝水泥在承受较大水压力的情况下也能很快凝固，达到一定的强度。

速凝水泥拌和及使用时，有以下注意事项：

（1）施工前应做试配，以确定拌和量和施工速度。凝结硬化后不能重新加水使用。

（2）零星砂浆采用人工搅拌方式进行拌和，先量取适量的双快水泥，将水泥倒在干净的蛇皮袋上，搅拌均匀，然后按照水灰比要求，加适量的水进行搅拌。

（3）搅拌必须快速且充分，使水泥与水混合均匀。

（4）在初凝前完成水泥拌制，及时进行封堵。

（5）速凝水泥一般情况下不与普通水泥混用。

4. 电动工器具

（1）电动工器具的分类。电动工具主要分为金属切削电动工具、研磨电动工具、装配电动工具和铁道用电动工具。电动工器具按照安全防护要求进行分类，分为Ⅰ类、Ⅱ类、Ⅲ类。

1）Ⅰ类。这类工具中设有接地装置，绝缘结构中全部或多数部位有基本绝缘。

2）Ⅱ类。这类工具的绝缘结构由基本绝缘和附加绝缘构成的双重绝缘或加强绝缘组成。

3）Ⅲ类。这类工具由安全电压电源供电。

（2）电动工器具安全操作要求

1）选择具有“3C”认证的合格品。应按安全要求采取必要的其他安全措施。

2）手持电动工具应由具有一定专业知识的专职人员使用。使用中应严格遵守相关的安全操作规程。

3）使用人必须穿戴符合规定的防护用品，设置合格的防护用具。

4）使用电动工具前应检查下列各项：外壳、手柄无裂缝、无破损；保护接地线或接零线连接正确、牢固；电缆或软线完好；插头完好；开关动作正常、灵活，无缺损；

电气保护装置完好；机械防护装置完好；转动部分灵活。

5）电动工具的绝缘电阻应定期用500 V的兆欧表进行测量，如带电部件与外壳之间绝缘电阻值达不到2 MΩ时，必须进行维修处理。

6）电动工具的电气部分经维修后，必须进行绝缘电阻测量及绝缘耐压试验，试验电压为380 V，试验时间为1 min。

7）连接电动机械及工具的电气回路应单独设开关或插座，并装设漏电电流动作保护器，金属外壳应接地。严禁一闸接多台设备。

8）电流型漏电保护器的额定漏电动作电流不得大于30 mA，动作时间不得大于0. 1 s。电压型漏电保护器的额定漏电动作电压不得大于36 V。

9）电动机具的操作开关应置于操作人员伸手可及的部位。当休息、下班或工作中突然停电时，应切断电源侧开关。

10）使用可携式或移动式电动工具时，必须戴绝缘手套或站在绝缘垫上。移动工具时，不得提着电线或工具的转动部分。

11）在潮湿或含有酸类的场地上以及在金属容器内使用Ⅲ类绝缘的电动工具时，必须采取可靠的绝缘措施并设专人监护。电动工具的开关应设在监护人伸手可及的地方。

12）磁力吸盘电钻的磁盘平面应平整、干净、无锈，进行侧钻或仰钻时，应采取防止失电后钻体坠落的措施。

技能要求

隧道抽水管引水作业

操作要求

1. 抽管的水泥砂浆表面必须平整牢固，无开裂、破损。

2. 抽管时应确保暗管通畅、无堵塞，判断抽管出水量大致等于渗漏量。

操作步骤

步骤1　对渗漏水处的混凝土凿V字槽。V字槽深度和宽度略大于增强管的直径，凿缝的长度按照实际情况而定。

步骤2　对凿开渗漏部位进行基面清理。用漆刷除去缝内的浮渣和粉尘后，用喷水壶清洗基面，保持基面湿润。

步骤 3 用蛇皮袋迅速搅拌双快水泥。水泥用量依据抽管的大小和长度来定。水泥必须搅拌充分。

步骤 4 同时进行抽管引水。将增强管嵌入 V 字槽，将搅拌充分的双快水泥封于 V 字槽表面，内侧形成暗管用来引水。

步骤 5 封槽水泥养护。用喷水壶喷水养护，养护时间不少于 5 min。

步骤 6 清理现场，做到工完料清。

3.2 整体道床防尘装置及排水沟作业

学习目标

✓ 了解整体道床防尘装置作业
✓ 掌握排水沟作业
✓ 掌握使用胶泥进行嵌缝处理作业

知识要求

3.2.1 整体道床防尘装置作业

1. 整体道床防尘装置

（1）浮置板结构。将整体道床制作成板状结构，利用钢弹簧支撑，使之形成一种浮离于基底之上的弹性道床，这种浮离设置的板式道床就称之为浮置板。目前上海地铁的隧道区间内，在浮置板道床区段设有防尘装置（见图 3—3）。

防尘装置安装在浮置板道床区段，在两块浮置板之间设置伸缩缝以及道床与管片接缝处，通常采用橡胶材质的密封条，厚度 6 mm、宽度 250 mm（见图 3—4）。密封条用于密封浮置道床之间及道床与两侧土建结构之间的间隙，防止杂物由间隙落入浮置道床底部，在钢弹簧浮置板隔振系统内是一项重要的安全措施。

地铁运营期间，若有杂物（尤其是硬质杂物，如石子、螺母等）进入浮置道床底部，将有可能造成振动短路，影响隔振效果甚至致使浮置道床局部丧失隔振性能。而且浮置道床底部杂物清理困难，所以应确保运营期无杂物进入道床底部。橡胶密封条的固定要使用压条，压条要做镀锌防腐处理。

图 3—3　安装完成的橡胶密封条

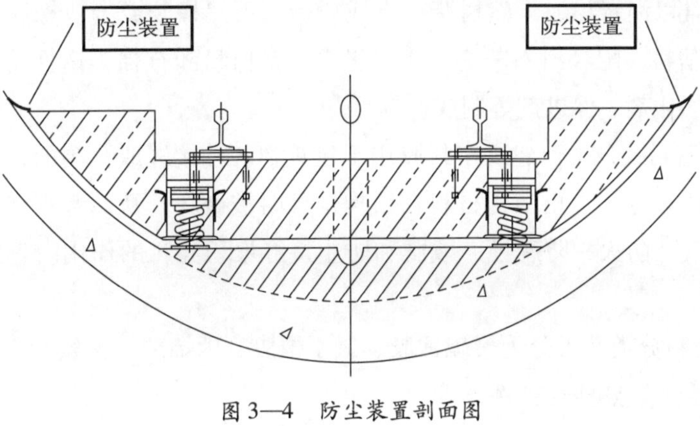

图 3—4　防尘装置剖面图

（2）密封条的安装规定

1）密封条为 6 mm × 250 mm 的橡胶材料，使用 3 mm × 25 mm 的镀锌金属条固定。

2）一般情况下，安装在高出道床板侧面边缘 150 mm 的隧道边墙上，只需固定一端。矩形道床板侧面缝隙板及板缝位置，以板缝为中心，两侧密封条宽度均等，两侧全部固定。

3）安装密封条时，在混凝土上钻直径 5 mm、深度 35 mm 的圆孔，圆孔间距不超过 300 mm，将膨胀管塞入孔内，使用 30 mm 长度的螺钉将镀锌金属条、橡胶密封条一起固定。

4）密封条安装完毕后，浮置板周围，包括道床板上预留槽产生的所有间隙，都必须有效密封。

（3）浮置板道床防尘装置的养护方式

1）浮置板道床防尘装置的养护主要通过定期检查方式进行，日常例行巡道检查时，主要靠目测检查即可。

2）日常巡检注意检查密封条是否完整、是否与板面及侧壁密贴、固定的膨胀螺栓/嵌条有无脱落等。

3）若发现密封条存在撕裂或破损，应及时修复或更换，更换原则是同材质、同型号密封条。

2. 密封胶

（1）密封胶的概念。密封胶是指具有一定弹性和一定黏结性，可随密封面形状而变形的密封材料。密封胶是用来填充构形间隙以起到密封作用的胶黏剂，具有防泄漏、防水、防振动及隔音、隔热等作用。

密封胶通常以沥青物、天然树脂或合成树脂、天然橡胶或合成橡胶等干性或非干性的黏稠物为基料，配合滑石粉、白土、炭黑、钛白粉和石棉等惰性填料，再加入增塑剂、溶剂、固化剂、促进剂等制成。

（2）建筑密封胶分类。建筑密封胶用于建筑物各种接缝或孔洞的密封，以阻止气体、液体、固体透过，防止结构材料在结构位移时被破坏，从而起到保温、隔声、防水、防尘、防气、防火、防腐蚀、减震和防止接缝聚积异物的作用。建筑密封胶有如下分类：

1）按原材料分类，可分为聚硫橡胶、氯丁橡胶、丙烯酸、聚氨酯、丁基橡胶、硅橡胶、橡塑复合型、热塑性弹性体等。

2）按施工形态分类，可分为热涂型、冷涂型、固化反应型和溶剂挥发型等。

3）按用途分类，可分为门窗用、嵌缝用、防水防震用、预制墙体用等。

4）按功能分类，可分为耐候密封胶和结构密封胶等。

5）按固化机理分类，可分为化学反应型弹性密封胶、以弹性为主的水乳型和溶剂型密封胶。其中，硅酮密封胶是典型的化学反应型密封胶。

（3）建筑密封胶的特点。为了保证良好的工作性能，密封胶应具备以下基本特点：

1）良好的嵌填能力。

2）可抵御伸缩运动，在受到循环变形时，能够维持嵌填密封效果，不剥离，基底不脱胶。

3）高低温不脆裂，不过度软化。

4）耐候性，不粉化、开裂、解散或过度收缩。

5）耐腐蚀好，能经受腐蚀性液体、气体。

6）储存稳定性好。

7）特定场合的要求，如耐磨性，耐穿刺，耐腐蚀，耐轧，难燃，不污染，绝缘或导电等。

（4）密封胶使用方法

1）预装。预装是为了检查密封件在预处理后是否有变形而影响装配。对变形的密封面要进行修整，密封间隙要均匀，间隙最好在0.1～0.2 mm之间，最大不超过0.8 mm，以适合密封装配要求。

2）修整。修整是为了除去加压固化后挤出的多余胶边，提高外观质量。修整时勿使胶层剥离。

3）涂胶。处理后立即进行涂胶，要注意涂匀。常用方法有手涂、喷涂、滚涂、压注、压力浸胶和真空浸胶等。单件、少量的涂胶多用手工，采用各种形状的毛刷、刮勺和滚轮，大面积涂敷可采用喷枪，但胶液要稀。高裁度胶修补缝隙可采用压注法。大批量铸件的涂胶采用压力或真空浸胶法。

（5）密封胶使用注意事项

1）预处理。预处理的目的是除去密封面上的油污、漆皮、铁锈及灰尘等。柴油、汽油是常用的清洗液，精密的或小面积机械零件可用丙酮、乙酸乙醋及香蕉水等溶剂洗刷，大的密封面常用氢氧化钠、碳酸钠、偏硅酸钠和偏磷酸钠等碱溶液清洗。用三氯乙烯蒸气进行处理能达到比较理想的效果。漆皮可用火焰喷灯烧焦后再用除锈剂或上述方法洗涤。

2）化学处理。化学处理的目的是除去氧化膜，经化学处理后的密封面，形成致密、均匀的新氧化膜，有利于胶液浸润，加上表面极性增大，吸附力显著提高。密封面经化学处理后，需烘干处理，烘干温度和时间要严格控制，切勿久放，烘干后应立即涂胶。

3）机械处理。表面的金属氧化物皮层可采用机械处理的方法除去，其中以喷砂效果最佳。砂粒材质应根据被处理材料的软硬程度合理选择。硬金属可用铁砂，而铝类软金属可用沙子或氧化铝。

4）调胶按照配方及操作顺序进行，调和要均匀。

5）检验检查胶层涂敷是否均匀，厚薄是否一致，固化是否完全充分。

6）固化。在胶层固化过程中温度和时间起重要作用。同时需要一定的压紧力。加热温度取决于胶的固化特性。室温固化胶大多需放置 24 h，才能达到较好的性能。热固化胶固化时间一般为 1 ~3 h。厌氧胶需隔绝空气方能固化，室温固化需 24 h，若加入固化促进剂，数分钟即可固化。

3. 遇水膨胀橡胶

（1）遇水膨胀橡胶的概念。遇水膨胀橡胶是以水溶性聚氨酯预聚体、丙烯酸钠高分子吸水性树脂等吸水性材料与天然橡胶、氯丁橡胶等合成橡胶制成的。

（2）遇水膨胀橡胶的分类。遇水膨胀橡胶按工艺分为制品型（PZ）和腻子型（PN）。

（3）遇水膨胀橡胶的特点。遇水膨胀橡胶遇水后，体积可涨大 2 ~3 倍。遇水膨胀橡胶遇水后能够充满密封基面的不规则表面，无须配合不定型密封材料配套使用。

（4）遇水膨胀橡胶的使用方法。遇水膨胀橡胶施工应先处理混凝土基面使之干燥，安装时应与混凝土基面密贴，橡胶条铺贴平整。

遇水膨胀橡胶施工时，为保证施工质量，应采用缓膨胀型或涂有缓膨胀剂涂层的遇水膨胀橡胶，以控制膨胀方向，也可采用合成纤维夹在遇水橡胶条上控制膨胀方向，限制膨胀速率。地下工程采用遇水膨胀橡胶做密封垫时，应采用中、低膨胀率的制品。

SM 水膨胀密封胶是一种维护中常用的密封胶。SM 水膨胀密封胶具有良好的黏结性与填充性，与水接触后，倍率可膨胀至原始体积的 350%，有着优越的防水密封性能。SM 水膨胀密封胶如果用在预制件或接缝中间，最好连续成条。

3.2.2 排水沟作业

城市轨道交通地下线一般采用钢筋混凝土现浇整体道床，道床排水一般采用在道床两侧设置排水沟。道床表面设置“人”字坡，引水至排水沟，再引水至集水井。

1. 排水沟设置原则

排水沟应满足收集、排出现场积水的客观要求。这句话包含着以下几层意思：一是排水沟的数量，必须满足场地范围内每个角落积水的排出。二是确定排水沟的截面，因为只有充足截面积的排水沟，才能把场地积水进行收集，并迅速排出施工现场以外。三是排水沟应在场地坡向的低处。四是排水沟本身也应具有一定的坡度。

2. 开沟排水施工工法

（1）开沟排水施工所需材料及工器具。开沟排水施工所需材料见表 3—5。

表3—5　开沟排水施工所需材料

序号	名称	单位	数量
1	大理石	m^2/点	0.5
2	普通水泥	kg/点	10
3	双快水泥	kg/点	6
4	黄沙	kg/点	12

开沟排水施工所需工器具见表3—6。

表3—6　开沟排水施工所需工器具

序号	名称	单位	数量
1	凿破机（T905）	台	1
2	石材切割机	台	1
3	拖线盘	盘	2
4	榔头	把	1
5	凿子	个	1
6	喷壶	个	1
7	泥工工具	组	1

（2）操作程序如图3—5所示。

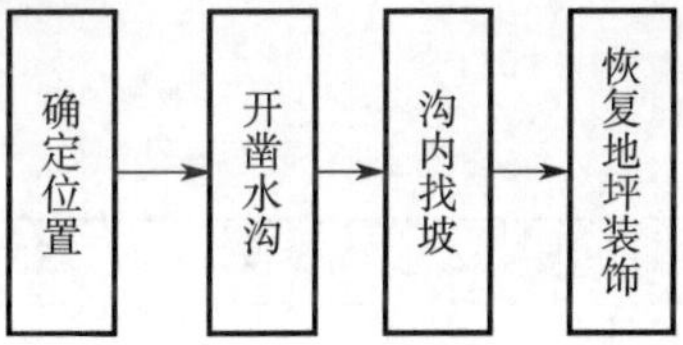

图3—5　开沟排水施工流程图

（3）操作程序详细介绍

1）确定开沟位置及走向。选择开沟位置时应考虑有足够的排水坡度，同时应尽量减少开凿量，走向应规整，走直线，走直角。

2）开凿排水沟。切割前应先划线，使用切割机切开大理石，切口应平整顺直。然后用凿破机凿出排水沟。

3）排水沟内找坡。排水沟在凿出时应同时考虑坡度需求，凿完后用水泥抹出坡度。

4）恢复地坪装饰。切割合适大小的备用大理石，覆盖排水沟。恢复时新地坪应尽可能和原地坪无高差。

（4）质量控制

1）排水沟内坡度不得小于5‰。

2）恢复地坪高差不得大于1 mm。

（5）安全措施

1）开凿排水沟时应注意其他管线走向，不得影响其他管线正常使用。

2）施工人员必须穿戴工作服和手套等劳动保护用品。

3）施工完毕后，必须清理现场，做到工完料清。

3. 砖墙砌筑施工工法

（1）砖墙砌筑施工所需材料及工器具。砖墙施工所需材料见表3—7。

表3—7　　砖墙施工所需材料

序号	名称	单位	数量
1	标准砖块（240 mm×115 mm×53 mm）	块/m	410
2	32.5普通水泥	kg/m	100
3	中沙	kg/m	400
4	掺合料	kg/m	60

砖墙施工所需工器具见表3—8。

表3—8　　砖墙施工所需工器具

序号	名称	单位	数量
1	大铲	个	2
2	刨锛	个	2
3	瓦刀	把	4
4	扇子	个	2
5	插线板	盘	2
6	线坠	个	2
7	白线	m	50
8	卷尺	个	2
9	铁水平尺	把	2
10	皮数杆	个	1

续表

序号	名称	单位	数量
11	小水桶	个	4
12	灰槽	个	2
13	砖夹子	个	4
14	扫帚	把	1

（2）操作程序如图 3—6 所示。

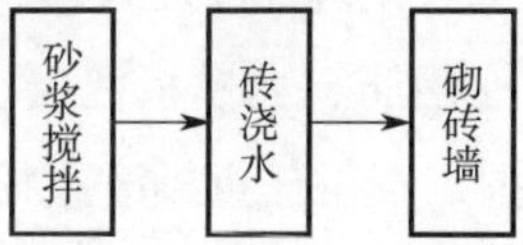

图 3—6　砖墙砌筑施工流程图

（3）操作程序详细介绍

1）砂浆搅拌。砂浆配合比应采用质量比，计量精度水泥为 ±2%，沙、灰膏控制在 ±5% 以内。宜用机械搅拌，搅拌时间不少于 1.5 min。

2）砖浇水。黏土砖必须在砌筑前一天浇水湿润，一般以水浸入砖四边 1.5 mm 为宜，含水率为 10% ~15%，常温施工不得用干砖上墙。雨季不得使用含水率达饱和状态的砖砌墙。

3）砌砖墙。组砌方法：砌体一般采用一顺一丁（满丁、满条）、梅花丁或三顺一丁砌法（也称“三一”砌砖法）。“三一”砌砖法具有灰缝易饱满、黏结性好的优点。砖柱不得采用先砌四周后填心的包心砌法。砌砖步骤为排砖撂底（干摆砖）、选砖、盘角、挂线、砌砖、留槎、木砖预留孔洞和墙体拉结筋、安装过梁、梁垫。砖砌体的水平灰缝及竖向灰缝宽度一般为 10 mm，应不大于 12mm。

4）冬期施工。冬期使用的砖，要求在砌筑前清除冰霜。水泥宜用普通硅酸盐水泥，灰膏要防冻，如已受冻要融化后方能使用。砂浆使用温度应不低于 +5℃。

（4）质量控制

1）砖的品种、强度等级必须符合设计要求。

2）砂浆品种及强度应符合设计要求。同品种、同强度等级砂浆各组试块抗压强度平均值不小于设计强度值，任一组试块的强度最低值不小于设计强度的 75%。

3）砌体砂浆必须密实饱满，实心砖砌体水平灰缝的砂浆饱满度不小于 80%。

4）外墙转角处严禁留直槎，其他临时间断处留槎做法必须符合规定。

5）砌体上下错缝，砖柱、垛元采用包心砌法：窗间墙及清水墙面无通缝；混水墙每间（处）无四皮砖的通缝（通缝指上下二皮砖搭接长度小于25 mm）。

6）砖砌体接槎处灰浆应密实，缝、砖平直，每处接槎部位水平灰缝厚度小于5 mm或透亮的缺陷不超过5个。

7）预埋拉筋的数量、长度均符合设计要求和施工规范的规定，留置间距偏差不超过一皮砖。

8）构造柱留置正确，大马牙槎先退后进、上下顺直；残留砂浆清理干净。

9）清水墙组砌正确，坚缝通顺，刮缝深度适宜、一致，楞角整齐，墙面清洁美观。

10）墙体拉结筋、抗震构造柱钢筋、大模板混凝土墙体钢筋和各种预埋件，以及暖卫、电气管线等，均应注意保护，不得任意拆改或损坏。

11）砂浆稠度应适宜，砌墙时应防止砂浆溅脏墙面。

12）在吊放平台脚手架或安装大模板时，指挥人员和吊车司机要认真指挥和操作，防止碰撞已砌好的砖墙。

13）在高车架进料口周围应用塑料薄膜或木板等遮盖，保持墙面洁净。

14）尚未安装楼板或屋面板的墙和柱，当可能遇到大风时，应采取临时支撑等措施，以保证施工中墙体的稳定性。

（5）安全措施

1）施工人员必须穿戴工作服和手套等劳动保护用品。

2）登高人员必须系安全带。

3）施工现场不得堆放易燃易爆物品。

4）施工完毕后必须清理现场，做到工完料清。

技能要求

使用胶泥进行嵌缝处理作业

操作要求

1. 缝内原嵌缝材料必须彻底清除。
2. 必须清除缝内的浮灰，以免影响后续嵌缝的密封效果。
3. 要求嵌缝饱满、表面平滑，无下垂、脱落现象。

操作步骤

步骤1 用电锤凿除缝内原嵌缝材料、疏松混凝土后，用漆刷清理基面浮灰。

步骤2 用棉纱清除缝两侧的浮灰、油污后，在裂缝两侧30 mm处沿缝方向表贴上胶带。

步骤3 将环氧胶泥搅拌均匀，使用油灰刀对裂缝进行嵌缝处理。

步骤4 拆除两侧胶带。

步骤5 施工完毕，清理现场。

3.3 附属设备作业

学习目标

✓ 掌握钢管片表面清理

✓ 了解钢管片用漆的性能

✓ 掌握钢管表面手工除锈作业

知识要求

3.3.1 钢管片表面清理

1. 钢管片的概念

地铁隧道贯通后，还需进行联络通道的施工，以冷冻法、矿山法或者顶进法在中间位置打通两条平行隧道，形成区间联络通道。联络通道处需用到特殊的钢制管片，并在管片上开洞。一般在旁通道位置设置2个环钢管片。

钢管片的质量轻，强度高，结构如图3—7所示。在旁通道与管片连接的突变位置，须使用高强度的钢管片，防止隧道变形。

钢管片使用材料为Q235A钢，制作时应严格控制焊接变形，制作后背板涂环氧沥青漆二度，钢管片内表面涂红丹漆二度，泵房及通道施工结束后，及时用素混凝土填充钢管片格腔。

2. 钢管片表面清洁的重要性

由于钢管片是永久支护的一部分，其结构设计使用年限为100年。钢管片强度高，延性好，运输安装方便。由于受到隧道内潮湿环境的影响，钢管片表面容易发生锈蚀的现

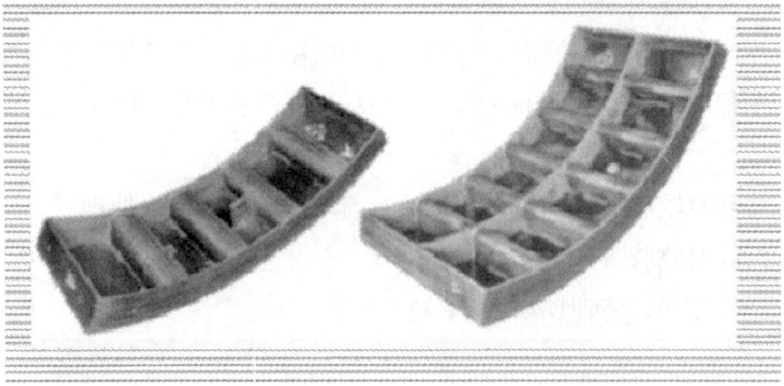

图 3—7　钢管片的结构

象，会出现麻点和片状锈蚀。若不进行除锈，锈蚀的范围和深度将逐步加深，从而影响管片的受力性能，给隧道结构带来安全隐患。因此，钢管片表面必须定期检查养护。

3. 钢管片表面清理的方法

（1）钢管片表面所需材料和工器具。钢管片表面所需材料和工器具见表 3—9 和表 3—10。

表 3—9　　钢管片除锈打磨作业材料表

序号	名称	单位	数量
1	打磨片	片/m^2	0.5
2	蛇皮袋	只/m^2	3

表 3—10　　钢管片除锈打磨作业工器具表

序号	名称	单位	数量
1	脚手架	台	2
2	打磨机	台	6
3	安全帽	顶	6
4	拖线盘	只	6
5	棉纱手套	副	6
6	防尘口罩	副	6
7	铲刀	把	10
8	扁錾	把	5
9	防护眼镜	副	6

（2）操作程序如图 3—8 所示。

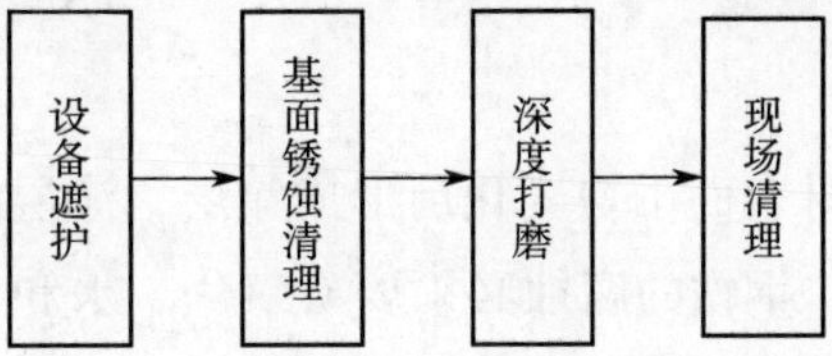

图 3—8　钢管片除锈打磨施工流程图

（3）操作程序详细介绍

1）登高作业前需事先验电，接地后利用可移动脚手架登高作业。登高作业时必须戴安全帽，系安全绳。

2）设备遮护。除锈前先用蛇皮袋对触网上网进行遮护，防止除锈过程中铁锈掉落在触网上。

3）钢管片基面除锈。先用扁錾、铲刀等工具将原钢板表面已剥离脱落的防腐涂层、铁锈等附作物铲除。

4）基面打磨。连接电源并开动开关，检查打磨机是否完好。握紧打磨机，打开开关，以 5°～10°角低速待靠近加工钢板表面，做左右移动打磨。打磨完后钢材表面应无可见油脂和污垢，并且无附着不牢的铁锈、氧化皮或油漆涂层等；底材显露部分的表面有金属光泽。

5）现场清理。现场遗留下来的铁锈粉末需装入蛇皮袋后清理干净，特别是触网上方，完工后需人工再次检查并清理。

（4）质量控制

1）除锈等级达到 St3 级，钢材表面应无可见油脂和污垢，并且无附着不牢的铁锈、氧化皮或油漆涂层等；底材显露部分的表面有金属光泽。

2）现场无垃圾遗留。

（5）安全措施

1）施工人员必须穿戴工作服、手套、口罩、防护眼镜等劳动保护用品。

2）施工现场不得堆放易燃易爆物品。

3）作业后对整个区间进行检查，做到工完料清。

4）检查完毕后，需按规定做好轨行区消点登记。

3.3.2 钢管片用漆的性能

1. 特点

防腐涂料在被涂物底材表面干燥固化后形成涂层，涂层的保护作用主要为屏蔽作用。根据电化学腐蚀原理，钢铁的腐蚀必须要有氧气、水和离子的存在，以及离子流通分导电的途径。漆膜阻止了腐蚀介质与材料表面的接触，隔断腐蚀电池的通路从而降低钢材腐蚀程度。水、氧和离子对漆膜的渗透速度是不同的，水的渗透速度远远大于离子和氧，离子渗透漆膜较少，可以不考虑它们对底材金属的直接作用。

考虑到结构使用年限为100年，对永久性钢管片（不拆除部分）应进行较高要求的防锈处理，具体要求如下：

（1）构件所用钢材不应采用表面原始锈蚀等级低于B级的钢材。

（2）钢材表面应进行喷砂或抛丸除锈达到除锈等级达到Sa2.5级，表面粗糙度*Rz*40～70 μm。表面处理好3 h内应进行防腐施工，如有返锈现象，表面则应再行喷砂至规定标准。喷砂除锈之前，钢材表面的毛刺、突起和焊瘤、焊缝应用砂轮打平和清除。

（3）防腐统一采用ZD96－1冷喷锌防腐技术，材料为单组份，冷喷锌含量不低于96%，喷锌层应满足耐盐雾考核2 000 h以上不生锈的要求，有相应的国家检测报告。

（4）涂膜共4道，每道厚50 μm，共厚200 μm。

（5）涂层表面采用两遍环氧树脂涂料进行封闭。

（6）其余临时性管片采用涂红丹漆两遍的防锈处理措施，除锈等级St2级。

（7）在钢管片的储藏和运输过程中，必须采用有效的措施防止构件受到锈蚀、油类等异物的污损和永久变形的发生。

2. 分类

钢管片涂装采用防腐油漆，防腐油漆一般指在苛刻的腐蚀环境使用的配套涂料，包括底漆和面漆。

（1）防腐底漆是双组份自干涂料，以中分子环氧树脂、特种树脂、铁红、防锈颜料、助剂和溶剂等组成的漆料为一组份，以胺固化剂为另一组份。防腐底漆的主要特性有：铁红及锌粉的保护作用使涂膜具有十分突出的防锈性能；漆膜硬度高；耐高温；干燥性能超群；高附着力，有良好的机械性能。

防腐底漆特别适合于钢结构防锈使用，是理想的金属防锈处理和防锈保养底漆。

（2）防腐面漆一般分为常规防腐涂料和重防腐涂料，是油漆涂料中必不可少的一类。常规防腐涂料是在一般条件下对金属等起到防腐蚀的作用，延长有色金属使用寿命的防腐涂料。重防腐涂料是指相对常规防腐涂料而言，能在更苛刻腐蚀环境里应用，并比常规防腐涂料保护期更长的一类防腐涂料。

防腐面漆材料的主要特性如下：

1）能在苛刻条件下使用，并具有长效防腐寿命，一般使用寿命在10年或15年以上。

2）厚膜化是重防腐涂料的重要标志。一般防腐涂料的涂层干膜厚度为100～150 μm，而重防腐涂料干膜厚度则在200～300 μm，还有达到500～1 000 μm的。

防腐面漆产品具有干燥迅速，附着力好、柔韧性好的特性，具有可调节的优良综合性能，可形成刚性和弹性兼具的薄膜，还有优良的韧性、耐磨性及低温固化性等。防腐面漆产品配方的适应性宽，既可与各种树脂、添加剂复配，改善性能，又有利于配制各种环保型涂料。

3.3.3 涂料涂装工艺

1. 涂料涂装工艺定义

涂装是工程机械产品的表面制造工艺中的一个重要环节。防锈、防蚀涂装质量是产品全面质量的重要方面之一。

涂装是一个系统工程，一般可分为涂装前表面处理工艺和防锈底漆涂装工艺。

2. 涂料涂装工艺的工法

（1）涂料涂装工艺所需材料和工器具。涂料涂装工艺所需材料表见3—11和工器具表3—12。

表3—11　　涂装工艺所需材料

序号	名称	单位	数量
1	防腐底漆	kg/m^2	1.0
2	防腐面漆	kg/m^2	1.0
3	稀释剂	kg/m^2	1.5

表3—12　　涂装工艺所需工器具

序号	名称	单位	数量
1	针式除锈枪	台	2
2	气泵	台	2

续表

序号	名称	单位	数量
3	回收装置	桶	5
4	喷漆枪	把	2
5	喷漆气泵	台	2
6	胶管	m	26
7	铲刀	把	4
8	手砂轮	台	2
9	砂布	片	50
10	钢丝刷	把	4
11	棉纱	kg	5
12	小压缩机	台	2
13	油漆小桶	个	6
14	刷子	把	6
15	酸洗槽和附件	组	2

（2）操作程序如图 3—9 所示。

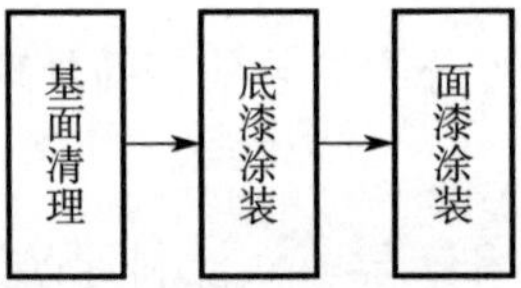

图 3—9　涂装工艺操作程序

（3）操作程序详细介绍

1）基面清理。涂刷油漆前应将钢结构表面的毛刺、铁锈、油污、尘土等杂物清除干净。

2）底漆涂装。底漆涂装时应控制油漆的黏度、稠度、稀度，兑制时应充分搅拌，使油漆色泽、黏度均匀一致。

刷第一度底漆时涂刷方向应该一致，接槎整齐。

刷漆时应采用勤沾、短刷的原则，防止刷子带漆太多而流坠。

待第一度刷完后，应间隔一定时间等待涂膜干燥，防止第一度未干就上第二度，这样会使漆液流坠发皱，质量下降。

待第一度干燥后，再刷第二度，第二度涂刷方向应与第一度涂刷方向垂直，这样会使漆膜厚度均匀一致。

底漆涂装后应根据材料要求进行表干，表干前不应涂装面漆。

3）面漆涂装。对新建筑钢结构涂装底漆与面漆一般中间间隙时间较长。钢构件涂装防锈漆后送到工地去组装，组装结束后才统一涂装面漆。涂装面漆前需对钢结构表面进行清理，清除安装焊缝焊药，对烧去或碰去底漆的构件还应事先补涂底漆。

面漆的调制应选择颜色完全一致的面漆，根据使用说明的比例加入稀料，并充分搅拌，确保色泽均匀。其工作黏度、稠度应保证涂装时不流坠，不显刷纹。面漆在使用过程中应不断搅和，涂刷的方法和方向与底漆工艺相同。

涂装采用喷涂施工时，应调整好喷嘴口径、喷涂压力，喷枪胶管能自由拉伸到作业区域，空气压缩机气压应为0.4～0.7 N/mm^2。喷涂时应保持好喷嘴与涂层的距离，一般喷枪与作业面距离应在100 mm左右，喷枪与钢结构基面角度应该保持垂直，或喷嘴略为上倾为宜。喷涂时喷嘴应该平行移动，移动时应平稳，速度一致，保持涂层均匀。

采用喷涂时，一般每层涂层厚度较薄，故应多喷几度。每度喷涂时应待上层漆膜已经干燥后进行。

（4）质量控制

1）油漆、稀释剂和固化剂等品种、型号和质量，应符合设计要求和国家现行有关标准的规定。

2）涂装前钢材表面除锈应符合设计要求和国家现行有关标准的规定，经化学除锈的钢材表面应露出金属色泽。处理后的钢材表面应无焊渣、焊疤、灰尘、油污、水和毛刺等。

3）不得误涂、漏涂，涂层应无脱皮和返锈。

4）涂装工程的外观质量涂刷应均匀，色泽一致，无皱皮、流坠和气泡，附着良好，分色线清楚、整齐。

5）构件补刷漆的质量按涂装工艺分层补刷，漆膜完整，附着良好。

6）钢构件涂装后应加临时围护隔离，防止损伤涂层。

7）钢构件涂装后，在4 h之内如遇有大风或下雨时，应加以覆盖，防止沾染尘土和水汽、影响涂层的附着力。

8）涂装后的构件需要运输时，应注意防止磕碰，禁止在地面拖拉，防止涂层损坏。

9）涂装后的钢构件勿接触酸类液体，防止损伤涂层。

技能要求

钢管片表面手工除锈作业

操作要求

1. 除锈等级达到 St3 级，钢材表面应无可见油脂和污垢，并且无附着不牢的铁锈、氧化皮或油漆涂层等；底材显露部分的表面有金属光泽。

2. 现场无垃圾遗留。

操作步骤

步骤 1 登高作业前需事先验电，接地后利用可移动脚手架登高作业。登高作业时必须戴安全帽，系安全绳。

步骤 2 除锈前先用蛇皮袋对触网上网进行遮护，防止除锈过程中铁锈掉落在触网上。

步骤 3 用扁錾、铲刀等工具将原钢板表面已剥离脱落的防腐涂层、铁锈等附作物铲除。

步骤 4 基面打磨，用打磨机以 5°～10°角并低速靠近待加工钢板表面，做左右移动打磨。

步骤 5 现场遗留下来的铁锈粉末需装入蛇皮袋清理干净，特别留意触网上方，完工后需人工再次检查并清理。

理论知识复习题

一、判断题（将判断结果填入括号中，正确的填“√”，错误的填“×”）

1. 引水施工作业中，在确保安全的情况下，可以不系安全带。（　）
2. 安装 PVC 管引水槽的坡度不得小于 3‰。（　）
3. 不锈钢引水槽用铆接连接时，需要加装橡胶圈。（　）
4. 水泥按照用途及性能分为通用水泥、专用水泥、特性水泥。（　）
5. 浮置板道床防尘装置施工工艺简单，施工进度快，但成本相对较高。（　）
6. 密封胶具有很小的弹性恢复率或弹性恢复率几乎为零。（　）
7. 恢复地坪的过程中，地坪高差不能大于 ±1 mm。（　）

8. 砖砌体的水平灰缝及竖向灰缝宽度一般为10 mm。 （ ）

9. 涂装一般分为手工涂刷、机械喷涂、静电喷涂等。 （ ）

10. 手工除锈的定型工具一般为刮刀，钢丝刷和除锈锤。 （ ）

二、单项选择题（选择一个正确的答案，将相应的字母填入题内的括号中）

1. 引水施工作业的适用场所有（ ）。

A. 站厅、站台顶板　　B. 出入口顶板

C. 站线、矩形隧道顶板　　D. 变电压室顶板

2. 引水施工作业常用的PVC管为（ ）mm。

A. 25　　B. 50　　C. 110　　D. 120

3. 现今常用的浮置板道床防尘装置养护方法是（ ）。

A. 更换橡胶条　　B. 注浆加固

C. 防水砂浆封缝　　D. 密封胶嵌缝

4. 遇水膨胀橡胶遇水后，体积可涨大（ ）。

A. 1~2倍　　B. 2~3倍　　C. 3~4倍　　D. 4~5倍

5. 有机富锌防锈底漆与面漆配套使用，则防锈性和（ ）更好。

A. 耐酸碱性　　B. 耐高温

C. 抗渗性　　D. 耐久性

6. 钢结构涂装是保护钢结构（ ）延长使用寿命的必要手段。

A. 不受腐蚀　　B. 缓慢腐蚀

C. 不受磨损　　D. 缓慢磨损

7. SM水膨胀密封胶与水接触，倍率可膨胀至原始体积的（ ）。

A. 250%　　B. 300%　　C. 350%　　D. 400%

8. 密封胶属化学反应型弹性密封胶和以弹性为主的（ ）、溶剂型密封胶。

A. 水乳型　　B. 冷塑型

C. 热塑型　　D. 固化反应型

9. （ ）不属于按成分分类的水泥类别。

A. 火山灰水泥　　B. 硅酸盐水泥

C. 矿渣水泥　　D. 水玻璃水泥

10. PVC的拼接不可用（ ）。

A. 胶水溶接　　B. 钢丝捆扎

C. 法兰连接　　D. 橡胶圈密封

理论知识复习题答案

一、判断题

1. × 2. × 3. × 4. √ 5. × 6. × 7. √ 8. √ 9. √ 10. √

二、单项选择题

1. D 2. C 3. D 4. B 5. D 6. A 7. C 8. A 9. D 10. B

理论知识考试模拟试卷及答案

桥隧工（城轨）（五级）理论知识试卷

注 意 事 项

1. 考试时间 90 min。
2. 请首先按要求在试卷的标封处填写您的姓名、准考证和所在单位的名称。
3. 请仔细阅读各种题目的回答要求，在规定的位置填写您的答案。
4. 不要在试卷上乱写乱画，不要在标封区填写无关的内容。

	一	二	总 分
得 分			

得 分	
评分人	

一、判断题（第 1 ~ 25 题。将判断结果填入括号中，正确的填√，错误的填 ×。每题 1 分，共 25 分）

1. 桥梁按跨越能否活动分为固定桥和开合桥。（　　）
2. 桥梁按跨越的障碍分为跨河桥和高架桥。（　　）
3. 涵洞净空高度指洞内顶点到计算水位的距离。（　　）
4. 喷射混凝土施工时不用模板。（　　）
5. 喷射混凝土常用的水泥有普通硅酸盐水泥和快硬硫铝酸盐水泥。（　　）
6. 安全带在使用时只要系挂在稳固的地方即可。（　　）
7. 油漆料库和散发火花的场所应保持一定得防火间距。（　　）
8. 施工人员进入隧道作业前应先向行车调度办理要点手续。（　　）
9. 行车调度必须在施工人员报告恢复运营条件后方可注销施工点。（　　）
10. SM 水膨胀密封胶具有良好的黏结性与填充性。（　　）

11. SM 水膨胀密封胶如果用在预制件或接缝中间，最好连续成条。（　　）

12. 遇水膨胀橡胶按工艺分为制品型（PN）和腻子型（PZ）。（　　）

13. 遇水膨胀橡胶遇水后无法充满密封基面的不规则表面，因此需要配合不定型密封材料配套使用。（　　）

14. 为保证工程质量，可采用合成纤维夹在遇水橡胶条上控制膨胀方向，限制膨胀速率。（　　）

15. 地下工程采用遇水膨胀橡胶做密封垫时，应采用中、低膨胀率的制品。（　　）

16. 桥梁装饰板作为一种安全防护设施，是桥梁上部结构一个不可缺少的组成部分。（　　）

17. 桥梁装饰板必须始终处于完好的状态，如果有损坏、变形或腐蚀，应迅速采用相应的措施进行修复。（　　）

18. 声屏障一般采用装配式施工以缩短施工时间。（　　）

19. 我国目前建成的声屏障以直立型和逆 L 型为主。（　　）

20. 声屏障通常是针对某一特定声源和特定保护位置设计的。（　　）

21. 当噪声源发出的声波遇到声屏障时，它一般沿反射和透射两条路径传播。（　　）

22. 声屏障结构形式对降噪效果没有直接影响。（　　）

23. 声屏障的设置位置应接近线路，但应符合限界要求。（　　）

24. 吸声材料的吸声性能不应受到户外恶劣气候环境的影响。（　　）

25. 从国内现有声屏障实测资料来看，声屏障的插入损失很少超过 12 dB。（　　）

二、单项选择题（第 1～75 题。选择一个正确的答案，将相应的字母填入题内的括号中。每题 1 分，共 75 分）

1. 城市轨道交通线路直线地段的标准轨距为（　　）mm。

A. 1 435　　B. 1 432　　C. 1 431　　D. 1 430

2. 桥梁的建筑高度是指桥面轨底到（　　）的距离。

A. 设计水位水面　　B. 梁底　　C. 墩台顶面　　D. 桥跨结构底部

3. 跨铁路桥的桥下净空高度是指由桥跨结构的底部到其下线路（　　）的距离。

A. 轨顶　　B. 轨底　　C. 道床顶　　D. 路基顶

4. 喷射混凝土终凝后（　　）h 起，即应开始洒水养护。

A. 1　　B. 2　　C. 4　　D. 8

5. 施工防护信号的设置与撤除由（　　）决定。

A. 施工负责人　B. 工长　C. 班长　D. 任何人

6. 如遇电话发生故障，工地防护员必须立即通知（　　）将机具撤出线路。

A. 驻站联络员　B. 施工负责人　C. 车站值班员　D. 工班长

7. 脚手架搭设时不用（　　）。

A. 设护栏　B. 钉防滑条　C. 设安全网　D. 贴紧横板

8.（　　）不是钢管片的特点。

A. 制作精度高　B. 质量小　C. 加固容易　D. 组装方便

9. 管片接缝采用的传力衬垫应具备（　　）的特点。

A. 泊松比大　B. 弹性复原能力弱

C. 耐久性好　D. 膨胀系数小

10. 关于整体式结构的矩形隧道，描述不恰当的是（　　）。

A. 防水性能易保证　B. 工序较多，进度较慢

C. 适用性好　D. 施工工业化水平高

11. 关于明挖法矩形隧道，描述恰当的是（　　）。

A. 工作面大，进度慢　B. 破坏环境，影响交通

C. 内部净空小　D. 防水效果差

12. 施工完毕应做到（　　）。

A. 工完料清　B. 将材料堆放在线路边上

C. 将工具堆放在站台上　D. 以上每一项

13. 目前进入上海地铁封闭区域施工，必须在每月（　　）向相关部门提出施工申请计划。

A. 1 日和 15 日　B. 10 日和 25 日　C. 15 日和 30 日　D. 任一天

14. 按板材厚度的大小，板材分为薄板、厚板、特厚板四种，其中厚板的厚度为（　　）mm。

A. 25～35　B. 36～65　C. 66～75　D. 大于 77

15. 安装盖板最重要的是（　　）。

A. 尺寸正确　B. 材料一致　C. 美观大方　D. 整齐

16. 国际单位制中质量的法定计量单位是（　　）。

A. 市斤　B. 公斤　C. 克　D. 牛顿

17. 钢卷尺的端边应和长边（　　）。

A. 相互平行　B. 相互垂直　C. 成 45°角　D. 成 135°角

18. 塞尺应经常保持良好状态，根据结合面的间隙情况选用塞尺片数时，片数（　　）。

A. 愈少愈好　B. 愈多愈好　C. 随意组合　D. 尽量选用厚片

19. 桥面铺装层最主要的作用为（　　）。

A. 减少车轮对桥面的磨耗　B. 增加桥面的平整度

C. 保护主梁免受雨水侵蚀　D. 分布车轮的集中荷载

20. 城市轨道交通高架桥梁一般采用的桥面铺装层为（　　）。

A. 碎（砾）石　B. 沥青　C. 水泥混凝土　D. 沥青混凝土

21. 对混凝土铺装的桥面，当出现（　　）等现象，应及时处理。

A. 断裂、破损、裂缝、麻面　B. 泛油、拥包、波浪、坑槽

C. 泛油、坑槽、裂缝、麻面　D. 泛油、拥包、断裂、破损

22. 城市轨道交通高架桥梁一般采用的桥面伸缩缝为（　　）。

A. U 形锌铁皮伸缩缝　B. 橡胶条伸缩缝

C. 板式橡胶伸缩缝　D. 钢板伸缩缝

23. 一般非岩地基上的涵洞每隔（　　）m 设置一处沉降缝。

A. 3 ~ 5　B. 2 ~ 3　C. 1 ~ 3　D. 约 5

24. 伸缩缝的更换要选型合理，以满足桥跨结构由于（　　）的需要。

A. 温度　B. 混凝土收缩

C. 混凝土徐变　D. 温度、混凝土收缩、混凝土徐变

25. 泄水管的过水面积通常为每平方米桥面上不小于（　　）cm^2。

A. 1　B. 2　C. 3　D. 4

26. 钢梁上大的存水处应加泄水孔，泄水孔直径不宜小于（　　）mm。

A. 30　B. 40　C. 25　D. 50

27. 公铁两用桥，公路在铁路桥面上面，公路下面的钢梁顶部杆件的油漆必须（　　）。

A. 耐晒　B. 耐酸　C. 耐碱　D. 耐潮、耐酸

28. 钢丝的磨损或锈蚀程度达到或超过钢丝直径（　　）时，应予报废。

A. 20%　B. 30%　C. 40%　D. 50%

29. 局部维护性涂装使用红丹底漆时，钢表面应达到（　　）级清理标准。

A. Sa3　B. Sa2　C. Sa1　D. St3

30. 用刮刀铲起漆膜，（　　），说明漆膜良好。

A. 漆膜一触即碎成粉末状　　B. 漆膜成刨花状卷起

C. 底漆色泽暗淡　　D. 底漆同面漆一并带起

31. 下列涂装体系中，（　　）符合钢梁涂装标准。

A. 特制红丹酚醛底漆，灰铅锌醇酸面漆

B. 特制红丹酚醛底漆，灰铝锌醇酸面漆

C. 棕黄聚氨酯底漆，灰云铁氯化橡胶面漆

D. 环氧富锌底漆，灰铝锌醇酸面漆

32. 钢梁涂膜维护涂装时，应对局部裂化部分按要求进行清理，按原涂装系逐层进行涂装，新旧涂层间应有（　　）mm 过渡带。

A. 50 ~ 80　　B. 30 ~ 50　　C. 80 ~ 100　　D. 100 ~ 120

33. 钢梁涂装时，一般喷涂防锈底漆（　　）。

A. 一度　　B. 二度　　C. 三度　　D. 四度

34. 钢梁油漆时，当除锈完毕涂完第一道底漆后，由于下雨耽误了 10 天，应（　　）再进行第二道底漆作业。

A. 喷砂除去旧漆膜　　B. 用抹布除浮灰

C. 用砂布打磨后　　D. 刮刀除去旧漆膜

35. 支座的类型主要取决于梁的种类、跨度和（　　）。

A. 恒载　　B. 荷载　　C. 动载　　D. 墩台高度

36. 桥梁跨度（　　）m 的钢筋混凝土简支应使用板式橡胶支座。

A. ≤16　　B. ≤20　　C. ≤24　　D. ≤28

37. 桥梁跨度（　　）m 的预应力混凝土简支梁及较大跨度的连续梁应安装盆式橡胶支座。

A. ≥24　　B. ≥26　　C. ≥28　　D. ≥32

38. 桥梁上的活动支座必须能（　　）伸缩。

A. 随温度变化　　B. 自由　　C. 随活载变化　　D. 随挠度变化

39. 桥梁支座的劣化等级可分为（　　）。

A. 三级　　B. 四级　　C. 五级　　D. 六级

40. 桥梁支座底板面应略高于墩台或支撑面（　　）mm 并凿成流水坡。

A. 1 ~ 2　　B. 2 ~ 3　　C. 3 ~ 4　　D. 4 ~ 5

41. 支座陷槽、积水、翻浆、流锈一般采用（　　）的办法整治。

A. 更换支座底板　　B. 更换支撑垫石

C. 细凿垫石排水坡　　　　D. 压力灌注灰浆

42. 引水施工作业的适用场所有（　　）。

A. 站厅、站台顶板　　　　B. 出入口顶板

C. 站线、矩形隧道顶板　　　　D. 变电压室顶板

43. 引水施工作业的安全要求错误的是（　　）。

A. 施工人员必须严格穿戴工作服及劳动保护用品

B. 登高人员必须系安全带

C. 登高操作人员必须佩戴护目镜

D. 施工完毕后，必须清理现场，做到工完料清

44. 以下选项关于不锈钢引水槽的描述，错误的是（　　）。

A. 将引水管固定在周围固定管线上

B. 施工步骤是：加工引水槽→确定位置→安装固定吊点→安装引水槽

C. 不锈钢水槽的引水作业中需用工器具有冲击钻、插线盘、钢丝钳、9 档扶梯等

D. 引水管坡度不得小于 5‰

45. 引水施工作业中常用的材料有（　　）。

A. 冲击钻　　B. 钢丝钳　　C. 不锈钢条　　D. 圆钢

46. 引水施工作业常用的 PVC 管直径为（　　）mm。

A. 25　　B. 50　　C. 110　　D. 120

47. 以下选项中，（　　）不是 PVC 排水管的特点。

A. 管道摩阻系数小　　　　B. 抗老化性好

C. 管道线膨胀系数小　　　　D. 管道安全系数不高

48. 关于不锈钢引水槽分类描述，下列选项错误的是（　　）。

A. 201#材质不锈钢比 304#材质不锈钢耐腐蚀性好

B. 不锈钢水槽按结构上分为单盆型、双盆型、三盆型、带翼型，单盆型水槽盆体大

C. 不锈钢引水槽按表面处理分为珍珠银面、磨砂拉丝面、丝光表面、抛光镜面

D. 不锈钢常用材质有 304#材质不锈钢、202#材质不锈钢、201#材质不锈钢

49. 下列选项中，关于不锈钢饮水槽的连接方法，错误的是（　　）。

A. 焊接　　B. 硅胶连接　　C. 橡胶圈密封　　D. 铆接

50. （　　）不属于按成分分类的水泥类别。

A. 火山灰水泥　　B. 硅酸盐水泥　　C. 矿渣水泥　　D. 水玻璃水泥

51. 对于水泥的拌和的描述，以下选项错误的是（　　）。

A. 砂浆拌和应随拌随用，拌和数量应根据施工速度决定

B. 如果沙子的含水率超过规定时，在用水量中扣除沙子的含水量

C. 严格控制砂浆的水灰比，以保证砂浆强度与和易性的要求

D. 为了降低施工成本，已经凝结的砂浆，经充分拌和后才能使用

52. 以下水泥封堵的操作错误的是（　　）。

A. 若涌水量大，可用棉纱蘸聚氨酯塞入涌水处

B. 水泥干湿程度依据病害类型，涌水量大水泥需稍干，反之亦然

C. 回丝需包住增强管端部，厚度大于涌水孔隙的直径

D. 封堵表面需无渗水痕迹，表面光滑

53. 制作引水管、饮水槽不需要的工具是（　　）。

A. 开孔器　　B. 折边机　　C. 剪刀车　　D. 锯床

54. 以下对于电动工器具的分类描述，错误的是（　　）。

A. Ⅰ类工具在防止触电的保护方面除了依靠基本绝缘外，必须采用接零保护

B. Ⅱ类工具本身具有双重绝缘或加强绝缘，不采取保护接地等措施

C. Ⅲ类工具由安全特低电压电源供电，工具内部不产生比安全特低电压低的电压

D. Ⅰ类工具的电源线必须采用三芯（单相工具）或四芯（三相工具）多股铜芯橡皮护套线

55. 关于电动工器具的使用方法，错误的是（　　）。

A. 严禁将导线线芯直接插入插座或挂在开关上使用

B. 在潮湿场所或在金属构架上进行作业，应选用Ⅱ类或Ⅲ类工具

C. 在狭窄场所应选用Ⅲ类工具

D. Ⅰ类工具的电源线必须采用三芯（三相工具）或四芯（四相工具）多股铜芯橡皮护套线

56. （　　）是浮置板道床防尘装置的作用。

A. 防止杂物进入浮置板道床间隙　　B. 防止渗漏水进入浮置板道床间隙

C. 延长隧道使用寿命　　D. 加强浮置板道床减震效果

57. 以下关于浮置板道床防尘装置的特点，描述恰当的是（　　）。

A. 成本低　　B. 施工进度快　　C. 易维护　　D. 机械化程度高

58. 现今常用的浮置板道床防尘装置养护方法是（　　）。

A. 更换橡胶条　　B. 注浆加固　　C. 防水砂浆封缝　　D. 密封胶嵌缝

59. 密封胶属化学反应型弹性密封胶和以弹性为主的（　　）、溶剂型密封胶。

A. 水乳型　　B. 冷塑型　　C. 热塑型　　D. 固化反应型

60. 按原材料、固化机理及施工性分类，硅酮密封胶属于（　　）密封材料。

A. 油性类　　B. 化学反应型　　C. 水乳型　　D. 热塑型

61. 以下排水沟的开凿规则中，错误的是（　　）。

A. 排水沟内坡度不得大于5‰

B. 恢复地坪高差不得大于±1 mm

C. 开凿排水沟时应注意其他管线走向，不得影响其他管线

D. 施工人员必须穿戴工作服及劳动保护用品

62. 以下对排水沟的开凿过程的描述，选项错误的是（　　）。

A. 依据不影响其他管线的原则下，确定开沟位置

B. 开凿排水沟的顺序是，确定位置→开凿排水沟→沟内找平→恢复地坪装饰层

C. 恢复大理石地坪的过程中，地坪高差不能大于±2 mm

D. 开凿排水沟时应注意其他管线走向，不得影响其他管线

63. 下列选项中，关于排水沟的开凿标准，错误的是（　　）。

A. 排水沟内坡度不得大于5‰

B. 恢复装饰层地坪高差不得大于±1 mm

C. 开凿排水沟时应注意其他管线走向，不得影响其他管线

D. 排水沟的开凿工艺是确定位置→开凿排水沟→沟内找平→恢复地坪装饰层

64. 以下选项中，不是城市轨道交通桥梁附属设备的是（　　）。

A. 声屏障　　B. 装饰板　　C. 伸缩缝　　D. 防撞设施

65. PVC 的拼接不可用（　　）。

A. 胶水溶接　　B. 钢丝捆扎　　C. 法兰连接　　D. 橡胶圈密封

66. 旁通道一般均设置可以拆装的特殊衬砌，即（　　）。

A. 钢管片　　B. 球墨管片　　C. 钢筋混凝土管片　　D. 增强塑料管片

67. 钢管片的特点是（　　）。

A. 成本低　　B. 强度好　　C. 易加固　　D. 广泛使用

68.（　　）不适用钢管片表面除锈。

A. 手工除锈　　B. 机械除锈　　C. 喷砂除锈　　D. 溶剂擦洗除锈

69. 钢管片手工除锈，钢表面清理应达到（　　）。

A. Sa2 级　　B. Sa2. 5 级　　C. St2 级　　D. St2. 5 级

70. 有机富锌防锈底漆与面漆配套使用，则防锈性和（　　）更好。

A. 耐酸碱性　　B. 耐高温　　C. 抗渗性　　D. 耐久性

71. 钢管片用环氧富锌底漆属于（　　）。

A. 有机富锌防锈底漆　　B. 无机富锌防锈底漆

C. 洛酸盐防锈漆　　D. 合成富锌防锈底漆

72. 钢结构涂装是保护钢结构（　　）延长使用寿命的必要手段。

A. 不受腐蚀　　B. 缓慢腐蚀　　C. 不受磨损　　D. 缓慢磨损

73. 采用静电喷涂施工时，喷枪距工作表面以（　　）mm 为宜。

A. 100 ~ 150　　B. 150 ~ 200　　C. 200 ~ 250　　D. 250 ~ 300

74. 关于机械喷涂的特点，以下描述正确的是（　　）。

A. 施工进度慢　　B. 操作轻便　　C. 油漆利用率高　　D. 安全经济

75. 环氧富锌漆不允许在（　　）℃以下环境中施工。

A. 0　　B. 5　　C. 10　　D. 15

桥隧工（城轨）（五级）理论知识试卷答案

一、判断题（第 1 ~ 25 题。将判断结果填入括号中。正确的填“√”，错误的填“×”。每题 1 分，共 25 分）

1. √　2. √　3. √　4. √　5. √　6. ×　7. √　8. √　9. √
10. √　11. √　12. ×　13. ×　14. √　15. √　16. √　17. √　18. √
19. √　20. √　21. ×　22. ×　23. √　24. √　25. ×

二、单项选择题（第 1 ~ 75 题。选择一个正确的答案，将相应的字母填入题内的括号中。每题 1 分，共 75 分）

1. A　2. D　3. A　4. D　5. A　6. B　7. D　8. A　9. C　10. D
11. B　12. A　13. B　14. B　15. A　16. B　17. B　18. A　19. C　20. C
21. A　22. B　23. A　24. D　25. B　26. D　27. D　28. C　29. D　30. B
31. B　32. A　33. B　34. C　35. B　36. B　37. A　38. B　39. B　40. B
41. C　42. D　43. C　44. A　45. D　46. B　47. A　48. D　49. D　50. D
51. C　52. C　53. D　54. C　55. D　56. A　57. D　58. D　59. A　60. B
61. A　62. C　63. A　64. C　65. B　66. A　67. C　68. C　69. C　70. D
71. A　72. A　73. D　74. B　75. C

操作技能考核模拟试卷

注意事项

1. 考生根据操作技能考核通知单所列的试题做好考试准备。

2. 请考生仔细阅读试题单中具体考核内容和要求，并按要求完成操作。

3. 操作技能考核时要遵守考场纪律，服从考场管理人员指挥，以保证考核安全顺利进行。

注：操作技能鉴定试题评分表及答案是评考员对考生考核过程及考核结果的评分记录表，也是评分依据。

国家职业资格鉴定
桥隧工（城轨）（五级）操作技能考核通知单

姓名：

准考证号：

考核日期：

试题1

试题代码：1.3.1。

试题名称：支座保养作业。

考核时间：30 min。

配分：17.5分。

试题2

试题代码：1.3.4。

试题名称：涂刷桥墩编号作业。

考核时间：30 min。

配分：17.5分。

试题 3

试题代码：2. 1. 4。

试题名称：安装不锈钢引水槽作业。

考核时间：60 min。

配分：35 分。

试题 4

试题代码：3. 2. 3。

试题名称：钢管片表面手工油漆作业。

考核时间：30 min。

配分：30 分。

桥隧工（城轨）（五级）操作技能鉴定试题单

试题代码：1.3.1。

试题名称：支座保养作业。

考核时间：30 min。

1. 操作条件

（1）需保养支座 1 个。

（2）所需工器具。

（3）必要时具备相应登高条件。

2. 操作内容

（1）支座表面垃圾油污清理。

（2）支座钢结构防腐作业。

（3）支座底板吊空处理。

3. 操作要求

（1）按准备、作业、回检程序进行。

（2）作业完成后达到单项作业验收标准。

（3）按规定着装，按作业安全规定操作。

（4）符合工器具使用要求及其他作业规定。

（5）正确执行技术操作规定。

桥隧工（城轨）（五级）操作技能鉴定
试题评分表

考生姓名：　　　　　　　　　　准考证号：

试题代码及名称		1.3.1　支座保养作业			考核时间				30 min
评价要素		配分	等级	评分细则	评定等级				得分
					A	B	C	D	
1. 操作程序	支座表面垃圾油污清理 支座钢结构防腐作业 支座底板吊空处理 正确使用工器具	7	A	全部完成					
			B	完成其中三项					
			C	完成其中二项					
			D	完成少于二项					
2. 质量	支座表面无污物 出白除锈，两底两面防腐 吊空处填捣密实 使用工器具正确	7	A	全部完成					
			B	完成其中三项					
			C	完成其中二项					
			D	完成少于二项					
3. 安全	办理施工登记手续，设置施工防护 无违章作业 防止影响轨道线路 工完料清 完工后撤除防护，销点	3.5	A	全部符合					
			B	符合其中四项					
			C	符合其中三项					
			D	符合少于三项					
合计配分		17.5	合计得分						

考评员（签名）：

等级	A（优）	B（良）	C（尚可）	D（差）
比值	1.0	0.8	0.6	0

“评价要素”得分＝配分×等级比值。

桥隧工（城轨）（五级）操作技能鉴定试题单

试题代码：1. 3. 4。

试题名称：涂刷桥墩编号作业。

考核时间：30 min。

1. 操作条件

（1）需涂刷桥墩编号处 1 处（1 个墩，单行即可）。

（2）所需工器具。

2. 操作内容

（1）确定涂刷处置。

（2）桥墩外立面绿化、油污、粉尘清理作业。

（3）墩号模板定位。

（4）油漆喷/刷涂。

3. 操作要求

（1）按准备、作业、回检程序进行。

（2）作业完成后达到单项作业验收标准。

（3）按规定着装，按作业安全规定操作。

（4）符合工器具使用要求及其他作业规定。

（5）正确执行技术操作规定。

桥隧工（城轨）（五级）操作技能鉴定
试题评分表

考生姓名： 准考证号：

试题代码及名称		1.3.4 涂刷桥墩编号作业			考核时间				30 min
评价要素		配分	等级	评分细则	评定等级				得分
					A	B	C	D	
1. 操作程序	桥墩外立面绿化清理作业 桥墩外立面粉尘油污清理作业 墩号模板定位 油漆喷/刷涂	7	A	全部完成					
			B	完成其中三项					
			C	完成其中二项					
			D	完成少于二项					
2. 质量	墩台表面无遮挡绿化 墩台表面无油污粉尘 墩号标识位置统一精确 喷漆/涂刷均匀，饱满	7	A	全部完成					
			B	完成其中三项					
			C	完成其中二项					
			D	完成少于二项					
3. 安全	办理施工登记手续，设置施工防护 无违章作业 防止影响轨道线路 工完料清 完工后撤除防护，销点	3.5	A	全部符合					
			B	符合其中四项					
			C	符合其中三项					
			D	符合少于三项					
合计配分		17.5	合计得分						

考评员（签名）：

等级	A（优）	B（良）	C（尚可）	D（差）
比值	1.0	0.8	0.6	0

“评价要素”得分 = 配分 × 等级比值。

桥隧工（城轨）（五级）操作技能鉴定试题单

试题代码：2. 1. 4。

试题名称：安装不锈钢引水槽作业。

考核时间：60 min。

1. 操作条件

（1）选择矩形隧道 1 处渗漏点（并搭好铝合金脚手架），裂缝长度在 4 m 范围内。

（2）所需工器具。

（3）配合人员 1 名。

2. 操作内容

安装不锈钢引水槽作业。

3. 操作要求

（1）单人作业。

（2）作业程序规范，质量符合大维修验收标准。

（3）准备时间 5 min，正式操作时间 55 min。

（4）安全文明生产。

桥隧工（城轨）（五级）操作技能鉴定
试题评分表

考生姓名： 准考证号：

试题代码及名称	2.1.4　安装不锈钢引水槽作业				考核时间				60 min
评价要素		配分	等级	评分细则	评定等级				得分
					A	B	C	D	
1. 操作程序	搭设人字梯并设立施工维护界面 不锈钢引水槽的定位 分段安装不锈钢引水槽 焊接不锈钢引水槽 接 PVC 管排水	15	A	全部完成					
			B	完成其中四项					
			C	完成其中三项					
			D	完成少于三项					
2. 质量	检查不锈钢引水槽安装是否牢固 检查不锈钢引水槽是否有一定的引水坡度，接 PVC 管的一头低 检查各段焊接处是否有裂缝 检查不锈钢引水槽与 PVC 管额接口处是否完好 检查槽内坡度是否能使积水及时排出	15	A	全部完成					
			B	完成其中四项					
			C	完成其中三项					
			D	完成少于三项					
3. 安全	办理施工登记手续，设置施工防护 按规定穿戴防护、劳保用品 无违章作业 工完料清 完工后撤除防护，销点	5	A	全部符合					
			B	符合其中四项					
			C	符合其中三项					
			D	符合少于三项					
合计配分		35	合计得分						

考评员（签名）：

等级	A（优）	B（良）	C（尚可）	D（差）
比值	1.0	0.8	0.6	0

“评价要素”得分 = 配分 × 等级比值。

桥隧工（城轨）（五级）操作技能鉴定试题单

试题代码：3. 2. 3。

试题名称：钢管片表面手工油漆作业。

考核时间：60 min。

1. 操作条件

（1）隧道旁通道钢管片 1 处。

（2）所需工器具。

（3）配合人员 1 名。

2. 操作内容

钢管片表面手工油漆作业。

3. 操作要求

（1）单人作业，钢管片涂漆面积 1 m^2。

（2）作业程序规范，质量符合大维修验收标准。

（3）准备时间 5 min，正式操作时间 55 min。

（4）安全文明生产。

桥隧工（城轨）（五级）操作技能鉴定 试题评分表

考生姓名：　　　　　　　　准考证号：

试题代码及名称	3.2.3　钢管片表面手工油漆作业				考核时间				60 min
评价要素		配分	等级	评分细则	评定等级				得分
					A	B	C	D	
1. 操作程序	设置施工维护带 刷底漆两度 刷面漆一度 用湿膜侧厚仪测量湿膜厚度（具体要求参照本表所附说明）	10	A	全部完成					
			B	完成其中三项					
			C	完成其中二项					
			D	完成少于二项					
2. 质量	检查腻缝修补是否平整 检查底漆是否均匀 检查面漆是否均匀 检查上漆厚度是否达到要求 检查施工是否在规定时间内完成作业	10	A	全部完成					
			B	完成其中四项					
			C	完成其中三项					
			D	完成少于三项					
3. 安全	办理施工登记手续，设置施工防护 按规定穿戴防护、劳保用品 无违章作业 工完料清 完工后撤除防护，销点	10	A	全部符合					
			B	符合其中四项					
			C	符合其中三项					
			D	符合少于三项					
合计配分		30	合计得分						

考评员（签名）：

等级	A（优）	B（良）	C（尚可）	D（差）
比值	1.0	0.8	0.6	0

“评价要素”得分 = 配分 × 等级比值。

附：关于“操作程序”具体要求的说明

1. 清除开裂后，如腻缝量较少，可用红丹防锈漆与石膏粉按 1∶1 的比例配制，拌和均匀修补腻缝。修补后应做到腻缝密实平整，不裂不脱。

2. 刷漆前再用 0#砂布全面打磨，用棉纱擦去灰尘，将底漆依次均匀地涂刷到钢料上，从上到下，从左到右，先难后易，漆膜均匀，无漏涂、斑点、鼓泡、流淌、皱纹，表面光泽好。

3. 底漆两度，厚度不少于 80 μm，面漆两度，厚度不少于 60 μm，前度漆未干不涂后度。

4. 用湿膜测厚仪测量湿膜厚度，将厚度计垂直于湿膜上测量，不沾油漆的第一个凸齿读数，即为其湿膜厚度。一度底漆厚度为 40 ~ 50 μm。